中华人民共和国行业推荐性标准

多年冻土地区公路设计与施工技术细则

Guidelines for Design and Construction of Highway in Permafrost Area

JTG/T D31-04—2012

主编单位：中交第一公路勘察设计研究院有限公司
批准部门：中华人民共和国交通运输部
实施日期：2013 年 02 月 01 日

人民交通出版社

图书在版编目(CIP)数据

多年冻土地区公路设计与施工技术细则：JTG/T D31-04—2012／中交第一公路勘察设计研究院有限公司主编．—北京：人民交通出版社，2013.1
ISBN 978-7-114-10260-8

Ⅰ．①多…　Ⅱ．①中…　Ⅲ．①多年冻土—冻土区—道路工程—设计—行业标准—中国　②多年冻土—冻土区—道路工程—施工技术—行业标准—中国　Ⅳ．①U412.36-65②U415.6-65

中国版本图书馆 CIP 数据核字(2012)第 315848 号

中华人民共和国行业推荐性标准
多年冻土地区公路设计与施工技术细则
JTG/T D31-04—2012

中交第一公路勘察设计研究院有限公司　主编
人民交通出版社出版发行
(100011　北京市朝阳区安定门外外馆斜街3号)
各地新华书店经销
北京市密东印刷有限公司印刷

开本:880×1230　1/16　印张:6　字数:140千
2013年1月　第1版
2018年3月　第2次印刷
定价:40.00元
ISBN 978-7-114-10260-8

中华人民共和国交通运输部

公 告

2012 年第 55 号

交通运输部关于公布《多年冻土地区公路设计与施工技术细则》的公告

现公布《多年冻土地区公路设计与施工技术细则》(JTG/T D31-04—2012),作为公路工程行业推荐性标准,自 2013 年 2 月 1 日起施行。

《多年冻土地区公路设计与施工技术细则》的管理权和最终解释权归交通运输部,日常解释和管理工作由主编单位中交第一公路勘察设计研究院有限公司负责。

请各有关单位在实践中注意总结经验,及时将发现的问题和修改建议函告中交第一公路勘察设计研究院有限公司(地址:陕西省西安市高新区科技二路 63 号,邮政编码:710075),以便修订时参考。

特此公告。

中华人民共和国交通运输部
2012 年 11 月 12 日

交通运输部办公厅　　　　　　　　　　　　　　　　2012 年 11 月 14 日印发

前　言

我国多年冻土面积约 215 万 km²,分布在青藏高原、东北大小兴安岭及西部局部高山地区。多年冻土地区公路设计施工存在许多特殊问题,为提高多年冻土地区公路设计与施工技术水平,保证公路工程建设质量,配合有关公路工程设计与施工技术规范在多年冻土地区的实施,交通运输部于 2008 年下达了《多年冻土地区公路设计与施工技术细则》(简称"本细则")编制任务,由中交第一公路勘察设计研究院有限公司为主编单位,负责本细则的编制工作。

本细则编写过程中,编写组全面总结了我国多年冻土地区公路设计与施工相关科研成果,对全国多年冻土地区已建和在建的公路工程进行了广泛调研,充分吸收了国外公路工程的建设经验,采纳了多年来我国冻土地区公路建设经试验检验行之有效的理论、方法、材料和技术,特别是 2000 年以来交通部西部交通建设科技项目重大专项"多年冻土地区公路修筑成套技术研究"所取得的系列重大理论与技术创新成果。

本细则共分为 12 章,涵盖多年冻土地区公路勘察、设计与施工各方面,主要内容包括:总则、路线、工程地质勘察、一般路基和特殊结构路基设计与施工、沥青路面设计与施工、桥涵设计与施工、环境保护与景观等。

请各有关单位在执行中,将发现的问题和建议,函告中交第一公路勘察设计研究院有限公司(地址:陕西省西安市西高新区科技二路 63 号,邮编:710075,电话:029-88322888,邮箱:BZXD@ccroad.com.cn),以便修订时参考。

主编单位：中交第一公路勘察设计研究院有限公司
参编单位：中国科学院寒区旱区环境与工程研究所
青海省公路科研勘测设计院
黑龙江省公路勘察设计院
长安大学
主要起草人：汪双杰　章金钊　罗满良　刘永智　吴青柏　台电仓
李祝龙　陈建兵　刘　戈　辛德仁　马　骉　房建宏

目　录

1 总则 …………………………………………………………………………… 1
2 术语和符号 …………………………………………………………………… 2
　2.1 术语 ……………………………………………………………………… 2
　2.2 符号 ……………………………………………………………………… 6
3 路线 …………………………………………………………………………… 9
　3.1 一般规定 ………………………………………………………………… 9
　3.2 公路选线 ………………………………………………………………… 9
　3.3 线形指标选用 …………………………………………………………… 11
4 工程地质勘察 ………………………………………………………………… 15
　4.1 一般规定 ………………………………………………………………… 15
　4.2 工程地质勘察阶段和要求 ……………………………………………… 16
　4.3 勘察设备与试验仪器 …………………………………………………… 17
　4.4 工程地质勘探与取样 …………………………………………………… 18
　4.5 工程地质分区 …………………………………………………………… 19
　4.6 工程地质评价 …………………………………………………………… 20
5 一般路基设计 ………………………………………………………………… 25
　5.1 一般规定 ………………………………………………………………… 25
　5.2 设计原则 ………………………………………………………………… 26
　5.3 路床 ……………………………………………………………………… 26
　5.4 路堤设计 ………………………………………………………………… 27
　5.5 低填浅挖及零填挖断面结构设计 ……………………………………… 30
　5.6 路堑设计 ………………………………………………………………… 31
　5.7 路基防排水设计 ………………………………………………………… 33
　5.8 挡土墙设计 ……………………………………………………………… 35
　5.9 过渡段设计 ……………………………………………………………… 37
　5.10 取、弃土场设计 ………………………………………………………… 38
6 特殊结构路基设计 …………………………………………………………… 39
　6.1 一般规定 ………………………………………………………………… 39
　6.2 隔热层路基 ……………………………………………………………… 39
　6.3 片块石路基 ……………………………………………………………… 42
　6.4 通风管路基 ……………………………………………………………… 43

6.5　热棒路基 …… 43
7　沥青路面设计 …… 46
　　7.1　一般规定 …… 46
　　7.2　结构组合设计 …… 47
　　7.3　沥青面层 …… 47
　　7.4　基层、底基层 …… 48
　　7.5　垫层 …… 49
8　桥涵设计 …… 51
　　8.1　一般规定 …… 51
　　8.2　桥位 …… 52
　　8.3　桥梁上部结构 …… 52
　　8.4　桥梁基础 …… 52
　　8.5　桥梁基础及下部抗冻防护 …… 53
　　8.6　涵洞结构设计 …… 54
　　8.7　涵洞基础 …… 54
　　8.8　涵洞进出口 …… 56
　　8.9　附属工程 …… 56
9　路基施工 …… 57
　　9.1　一般规定 …… 57
　　9.2　路堤施工 …… 57
　　9.3　路堑施工 …… 58
　　9.4　隔热层铺设 …… 59
　　9.5　片块石路基施工 …… 60
　　9.6　通风管安装 …… 61
　　9.7　热棒安装 …… 62
　　9.8　防护及排水工程 …… 63
10　沥青路面施工 …… 64
　　10.1　一般规定 …… 64
　　10.2　材料技术要求 …… 65
　　10.3　沥青混合料面层施工 …… 66
　　10.4　半刚性材料基层、底基层 …… 67
　　10.5　粒料类材料基层、底基层 …… 68
11　桥涵施工 …… 70
　　11.1　一般规定 …… 70
　　11.2　钢筋 …… 70
　　11.3　混凝土浇筑与养生 …… 71
　　11.4　基坑开挖 …… 71

11.5	钻孔灌注桩施工	72
11.6	钻孔插入桩施工	73
11.7	钻孔打入桩施工	74
11.8	钻孔扩底桩施工	74
11.9	墩台	75
11.10	涵洞	75
11.11	梁板预制与安装	76
11.12	桥涵拼装结构接头施工	77
11.13	防水层及沉降缝	78
11.14	附属工程	78

12 环境保护与景观 … 80

12.1	一般规定	80
12.2	冻土环境保护	80
12.3	水土保持	81
12.4	生态环境保护	82
12.5	景观绿化工程	83

本细则用词说明 … 84

1 总则

1.0.1 为适应多年冻土地区公路建设发展的需要,指导多年冻土地区公路勘察设计与施工,提高多年冻土地区公路设计与施工技术水平,制定本细则。

1.0.2 本细则适用于多年冻土地区新建、改(扩)建的二级及以下公路设计与施工。一级公路、高速公路设计与施工可参考。

条文说明

本细则是我国在多年冻土地区公路病害治理方面经验的总结,吸收了2000年以来交通部西部交通建设科技项目重大专项"多年冻土地区公路修筑成套技术研究"所取得的系列重大理论与技术创新成果;有近40年持续观测研究的支撑;研究对象以青藏、青康和新藏等二级公路工程为主,其设计、施工以及病害防治的理念、原则与措施等对我国多年冻土地区公路建设具有很好的指导作用。

一级公路和高速公路虽然比二级公路路基宽度大,但在多年冻土地区,可以采用分幅、分离修建的模式,采用在10~12m宽的二级公路上成功的相关技术。

对于整体式路基的一级公路和高速公路,虽然现阶段尚缺少实际工程经验总结,试验研究也表明,高温多年冻土区公路路基加宽之后,路基下多年冻土的上限会有所加深、融化盘的宽度会有所增大,但计算分析表明,若采用特殊结构路基,根据路基宽度和上限变化情况适当调整相关尺寸,如热棒间距、片块石厚度、通风管管径等,也可保证路基稳定。

1.0.3 多年冻土地区公路设计与施工应考虑工程与多年冻土的相互影响,减少对冻土环境的扰动。冻土工程病害防治应遵循预防为主、治理为辅的原则。构造物基础、路基填挖、防护及防排水工程应避免采用导致严重热效应的方案、材料与工艺。

1.0.4 多年冻土地区公路设计与施工应结合特殊的自然因素和维修养护要求,采用成熟可靠的技术、材料及工艺。新技术、新工艺、新材料、新结构应通过试验工程验证并报主管部门批准方可采用。

1.0.5 多年冻土地区公路设计与施工除应符合本细则的规定外,尚应符合国家现行有关标准的规定。

2 术语和符号

2.1 术语

2.1.1 多年冻土 permafrost

冻结状态持续两年或两年以上的土(岩)。按含冰量可分为少冰冻土、多冰冻土、富冰冻土、饱冰冻土和含土冰层等五类。其中富冰冻土、饱冰冻土和含土冰层又统称为高含冰量冻土。各类冻土可按表2.1.1的规定进行分类。

表2.1.1 多年冻土按含冰量分类表

冻土类型	土的类别	总含水率 w(%)	融化后的潮湿程度
少冰冻土	粉黏粒含量≤15%粗颗粒土,砾、粗、中砂,以下同)	$w<10$	潮湿
	粉黏粒含量>15%粗颗粒土	$w<12$	稍湿
	细砂、粉砂	$w<14$	稍湿
	粉土	$w<17$	
	黏性土	$w<w_P$	坚硬
多冰冻土	粉黏粒含量≤15%粗颗粒土	$10 \leq w<15$	饱和
	粉黏粒含量>15%粗颗粒土	$12 \leq w<15$	潮湿
	细砂、粉砂	$14 \leq w<18$	
	粉土	$17 \leq w<21$	
	黏性土	$w_P \leq w<w_P+4$	硬塑
富冰冻土	粉黏粒含量≤15%粗颗粒土	$15 \leq w<25$	饱和出水(出水量小于10%)
	粉黏粒含量>15%粗颗粒土		饱和
	细砂、粉砂	$18 \leq w<28$	
	粉土	$21 \leq w<32$	
	黏性土	$w_P+4 \leq w<w_P+15$	软塑
饱冰冻土	粉黏粒含量≤15%粗颗粒土	$25 \leq w<44$	饱和出水(出水量为10%~20%)
	粉黏粒含量>15%粗颗粒土		饱和出水(出水量小于10%)
	细砂、粉砂	$28 \leq w<44$	
	粉土	$32 \leq w<44$	
	黏性土	$w_P+15 \leq w<w_P+35$	流塑
含土冰层	碎石类土、砂类土、粉土	$w>44$	饱和出水(出水量10%~20%)
	黏性土	$w>w_P+35$	流塑

2.1.2 融区 tl.awed area

多年冻土区中由于热力作用形成的非多年冻土地段。

2.1.3 冻土总含水率 total water content in frozen soil

冻土中所含冰和未冻水的总质量与土骨架质量之比,用百分数表示。

2.1.4 季节冻结层 seasonal freezing layer

每年寒季冻结、暖季融化,且年平均地温高于0℃的地表层,其下卧层为非冻结层或不衔接多年冻土层。

2.1.5 季节融化层 seasonally thawed layer

每年寒季冻结、暖季融化,且年平均地温低于0℃的地表层,其下卧层为冻结层。

2.1.6 多年冻土天然上限 natural permafrost table

天然条件下多年冻土层的上界面。

2.1.7 多年冻土人为上限 artificial permafrost table

人为条件影响下形成的多年冻土上界面。

2.1.8 多年冻土下限 permafrost base

多年冻土层的下界面,地温一般为0～-0.1℃。

2.1.9 衔接多年冻土 connect permafrost

直接位于季节融化层之下的多年冻土。

2.1.10 不衔接多年冻土 detachment permafrost

季节冻结层的冻结深度浅于天然上限的多年冻土。

2.1.11 盐渍化冻土 saline frozen soil

易溶盐的含量超过规定值的冻土。

2.1.12 地温年较差 annual range of ground temperature

某一深度地温在一年中最高与最低温度的差值,可按一年中最热月与最冷月的月平均温度计算。

2.1.13 年平均地温 mean annual ground temperature

年零较差深度处的地温。年零较差深度称地温年变化深度。

2.1.14 融沉系数　thaw-settlement coefficient
冻土融化过程中,在自重作用下产生的下沉量与融化前相应厚度的比值。

2.1.15 冻胀率　frost heaving ratio
单位冻结深度的冻胀量。即某一冻结深度范围内的冻胀量与相应的冻结深度之比值。

2.1.16 冻结强度　freezing strength
土与基础侧表面冻结在一起所能承受的最大剪应力。

2.1.17 冻土抗剪强度　share strength of frozen soil
冻土抵抗剪切破坏的能力。

2.1.18 冻胀力　frost-heaving forces
土的冻胀受到约束时产生的力。

2.1.19 切向冻胀力　tangential frost-heave force
地基土在冻结膨胀时,沿切向作用在基础侧表面的力。

2.1.20 法向冻胀力　normal frost-heave force
地基土在冻结膨胀时,沿法向作用在基础侧表面的力。

2.1.21 水平冻胀力　horizontal frost-heave force
地基土在冻结膨胀时,沿水平方向作用在结构物或基础表面的力,包括沿切向和法向的作用。

2.1.22 标准冻深　standard freezing depth
非冻胀黏性土,地表平坦、裸露,城市之外的空旷场地中,不少于10年实测最大冻深的平均值。

2.1.23 标准融深　standard thawed depth
非冻胀黏性土,地表平坦、裸露,城市之外的空旷场地中,不少于10年实测最大融深的平均值。

2.1.24 冻结指数　freezing index
一年中低于0℃的气温与相应持续天数乘积的代数和。

2.1.25 热融滑塌 thaw slumping

高含冰量冻土分布的自然坡面,由于冻土融化引起上覆土体下滑的现象。一般具有溯源性,又称热融滑坡。

2.1.26 融冻泥流 gelifluction

缓坡上的细粒土,受反复的冻融作用导致结构破坏,沿山坡向下缓慢蠕动的饱水土体。

2.1.27 热融湖(塘) thermokarst lake

多年冻土地区地下冰融化形成的积水洼地。

2.1.28 冰锥 icing

多年冻土地区地下水在寒季流出地表冻结所形成的冰体。河流中形成的冰锥也称冰幔。

2.1.29 冻土沼泽 marsh in permafrost

在多年冻土地区,由于地表水、地下水的影响,地面长期潮湿,生长喜湿和喜水植物,并有泥岩堆积的山前斜坡或山间洼地。

2.1.30 冻胀丘 frost mound

由土的差异冻胀作用所形成的丘状地形。

2.1.31 冻融圈 freeze-thaw cylinder

多年冻土地区隧道洞身开挖,使围岩受环境变化而产生季节融化冻结的影响带。

2.1.32 融化指数 thawing index

一年中高于0℃的气温与相应持续天数乘积的代数和。

2.1.33 融化盘 thaw bulb

采暖建筑物下,多年冻结地基土发生融化的部分,一般形如盘、盆状,故称融化盘。

2.1.34 冻土核 frozen core

在多年冻土地区路基中形成的冻土体。

2.1.35 冻结层上水 superpermafrost water

分布在多年冻土层之上的地下水。

2.1.36 冻结层间水 interpermafrost water
被多年冻土完全包围或半包围的自由重力水。

2.1.37 冻结层下水 infrapermafrost water
分布在多年冻土层之下的地下水。

2.1.38 不良冻土现象 harmful cryogenic phenomenon
土体的冻结和融化作用产生对工程有不利影响的新形成物,如冰锥、冻胀丘、融冻泥流、热融湖(塘)等的现象,又称不良冷生现象。

2.1.39 主动降温 positive cooling
通过工程措施或装置主动地降低冻土的温度,使其向有利于工程稳定性的方向发展。

2.1.40 被动保护 passive protection
通过阻隔、封闭等措施减少热交换,以维持地温的原始状况或减缓冻土的退化。

2.1.41 热棒 thermosyphon
一种内部采用重力式低温热管的装置,一般用于降低冻土温度。

2.2 符号

2.2.1 冻土物理、力学及热学特性

T_{cp}——多年冻土年平均地温;
w——总含水率;
w_P——塑限含水率;
λ_u、λ_f——土体分别在融化和冻结状态下的导热系数;
α_0——土层压缩系数;
φ——内摩擦角;
c——黏聚力;
f——水平冻胀力。

2.2.2 土的季节冻结与融化参数

η——平均冻胀率;
δ_0——冻土融沉系数;
h_t——冻土天然上限;
S——季节融化层压缩沉降量;

P——平均融化速率；

h_a——路基下多年冻土人为上限；

Δh——沥青路面下多年冻土人为上限下降值。

2.2.3 路基高度

H_g——改建路基设计临界高度；

H_R——路基合理高度计算值；

H_S——新建路基设计临界高度；

h——勘探年路基高度。

2.2.4 路面相关参数

I_t——温缩抗裂指数；

I_d——干缩抗裂指数；

ΔT_m——基层材料在最不利情况下的最大温度变化范围；

$[T]$——温缩抗裂系数；

ε_m——材料的极限拉应变；

$\bar{\alpha}_t$——最不利情况下对应于ΔT_m的平均温缩系数；

ΔW_m——基层材料在最不利情况下含水率的最大变化幅度；

$[W]$——干缩抗裂系数；

$\bar{\alpha}_d$——最不利情况下对应于ΔW_m的平均干缩系数。

2.2.5 其他类结构物参数

a——挡土墙顶宽；

b——挡土墙基础宽；

L——挡土墙埋深；

H——挡土墙地面以上部分的高度；

γ——挡土墙重度；

M_q——挡土墙稳定力矩；

M_a——挡土墙绕墙体前趾倾覆力矩；

K_q——挡土墙抗倾覆安全系数；

d_x、d_s——隔热板与等效土体的厚度；

λ_e、λ_s——隔热板与等效土体的导热系数；

h_s——隔热板合理埋深；

σ_p——隔热板上结构层极限强度；

R——通风管冷却半径；

D——通风管外径。

2.2.6 其他指数与系数

y——设计路基时的年份(如2009年即 $y=2009$);

Δt——道路设计年限;

Δy——沥青路面竣工至勘探的时间;

M——冻土类型修正系数;

K——气温修正系数;

ϕ——融化速度衰减系数;

p——轮胎压强;

σ_{max}——压路机最大接触应力;

q——单位线载荷;

E_0——压实层的变形模量。

3 路线

3.1 一般规定

3.1.1 多年冻土地区公路线位选择应结合地形、地貌、地质和水文条件等因素,充分考虑冻土分布与特征,避免因线位选择不当而诱发工程病害。

3.1.2 多年冻土地区公路路线设计应遵循宁填勿挖的原则。高填、深挖路段应从保护冻土环境的角度,与桥、隧方案进行比选。

条文说明

多年的工程实践表明,冻土融化是导致多年冻土地区工程病害的最主要原因,多填少挖和桥隧方案均具有避免扰动冻土环境、保护冻土覆盖层的积极作用,因此,多年冻土地区公路在综合考虑纵、横断面设计中应采用宁填勿挖的方案,并应重视高填、深挖与桥、隧方案的比选。

3.1.3 在高海拔多年冻土地区,路线设计应考虑冻结期路面冰滑,以及驾驶员因心理负荷增大、血氧含量减少而导致的反应时间延长等不利因素,合理选用技术指标。

3.1.4 多年冻土地区公路路线设计应考虑对沿线植被、湿地和珍稀野生动物的保护,宜绕避环境敏感区、自然保护区以及野生动物聚集区。生物及其栖境的保护应按现行《公路环境保护设计规范》(JTG B04)有关规定执行。

条文说明

多年冻土地区生态环境脆弱,植被恢复非常困难,因此,公路工程设计应特别强调环境保护工作,尤其是沿线植被、湿地等,应作为该地区环境保护的重点。

3.2 公路选线

3.2.1 多年冻土地区公路选线应利用航空摄影测量、空间遥感等技术手段,调查备选路线走廊带多年冻土空间分布,合理确定路线走向与主要控制点。在拟定路线走廊带时,应重点考虑越岭垭口、河谷沼泽、背阳阴坡的冻土工程地质条件。

条文说明

　　公路选线是公路勘察设计的重要环节,要求设计的路线方案既经济合理,又快速高效,并且安全可靠。遥感技术具有宏观性强、影像逼真、信息量丰富等特点,对地形地貌、地质构造、不良地质和特殊地质均有比较直观的反映,在工程区域地质条件评价、公路走廊带选择、路线方案比选、病害成因及其影响评价方面具有优越性。因此,条文中强调了遥感技术在多年冻土地区选线中的应用。

　　3.2.2 公路线位方案比选论证时,应采用综合地质勘察方法,并布设必要的钻孔,查明沿线多年冻土分布与工程地质条件,评价多年冻土对工程的影响。

　　3.2.3 路线宜选择在平缓、干燥和向阳的斜坡上通过,避免穿越低洼、潮湿和较陡的山坡。宜绕避富冰冻土、饱冰冻土、含土冰层地段,以及冰锥、冻胀丘、冻土沼泽、热融湖(塘)等不良冻土现象严重地段;无法绕避时,应选择分布薄弱、病害较轻的地带,以最短距离通过。

条文说明

　　富冰冻土、饱冰冻土、含土冰层、冰丘、冰锥、冻土沼泽、热融湖(塘)等是对气温最敏感的多年冻土地段,人为活动、气温的波动极易引起多年冻土力学性质、强度指标和变形特征的极大变化,是极不稳定的地段,因此,公路选线时宜尽量绕避;无法绕避时,以最短距离通过。

　　3.2.4 路线穿越河谷时,线位宜选择在多年冻土工程地质条件较好的地段通过,宜绕避沼泽、湿地和腐殖土地段。

　　3.2.5 路线经过微丘坡地或阶地时,线位高程宜高不宜低;宜在融冻坡积层缓坡上部或高阶(台)地上通过,不宜沿融区附近的多年冻土边缘地带布线。

条文说明

　　平缓干燥、向阳的斜坡和微丘坡地或阶地一般冻土病害较轻,是路线通过较理想的位置,即使有厚层地下冰的分布,往往也在斜坡的下部,因此,路线线位高程宜高不宜低。

　　3.2.6 路线穿越多年冻土地区垭口时,应对深挖路堑和隧道方案进行综合比较。当以隧道通过时,应避免穿过地下水发育的地层,洞口位置宜避开热融滑塌、冰锥、冰丘及厚层地下冰等不良地质地段。

3.2.7 路线设计宜选择零填挖、半填半挖及浅挖路段长度较短的方案。

3.2.8 厚层地下冰的斜坡路段,路线宜从斜坡上部通过。热融滑塌体的斜坡路段,路线宜从斜坡下部以路堤形式通过。

3.2.9 冰丘、冰锥发育地段,路线宜在其下方通过。

条文说明

冰丘、冰锥是由下向上发育的,因此,路线宜从其下方通过。当设置路基有困难时,可采用桥梁跨越冰丘和冰锥。

3.2.10 改(扩)建公路应充分利用既有较为稳定的公路线位。

3.3 线形指标选用

3.3.1 高海拔多年冻土地区停车视距及下坡修正应根据公路功能按表3.3.1-1和表3.3.1-2确定。

表3.3.1-1 高海拔多年冻土地区停车视距

设计速度(km/h)		120	100	80	60	40	30	20
停车视距(m)	反应时间3.5s	280	215	160	115	75	55	35
	反应时间3.0s	260	200	150	110	70	50	30

注:1. 新建干线公路,设计交通量在公路等级适应交通量上限附近,取3.5s反应时间的视距指标。
　　2. 新建集散公路,设计交通量在公路等级适应交通量中间范围,取3.0s反应时间的视距指标。
　　3. 改建公路,条件受限时,可采用现行《公路工程技术标准》(JTG B01)规定的停车视距,并应设置警告标志。

表3.3.1-2 纵坡段停车视距修正值(m)

设计速度(km/h)		120	100	80	60	40	30	20
	反应时间3.5s							
纵坡坡度(%)	3	16	11	8	8	8	6	0
	4	20	15	12	12	12	10	1
	5		21	17	17	17	14	2
	6			22	22	22	19	4
	7					28	25	7
	反应时间3.0s							
纵坡坡度(%)	3	15	10	7	7	7	5	1
	4	20	14	10	10	10	8	2
	5		20	14	15	16	12	4
	6			19	20	21	17	6
	7					26	24	9

条文说明

青藏公路的实地调研数据分析表明:随着海拔的升高,驾驶员的血氧含量减少,所以反应时间要比正常情况下增长。根据驾驶员在不同海拔高度的血氧含量,结合反应时间延误与血氧含量关系图,可以得出海拔3 000m时反应时间延误比海拔400m以下多约0.4s,随着海拔高度的增加,血氧含量的降低,反应时间延误还将进一步增大,即驾驶员在高海拔地区的反应时间比低海拔地区增加0.4s以上。同时考虑每年10月到次年5月较长的冰冻期,冰滑路面情况下的制动距离,因此,在综合考虑道路环境与气候等因素后,要求在确定高海拔多年冻土地区停车视距时,制动反应时间分别按3.0s和3.5s计取。

3.3.2 高海拔多年冻土地区各等级公路在纵坡变化处均应设置竖曲线,竖曲线可采用抛物线或圆曲线,竖曲线最小半径应按表3.3.2确定。

表3.3.2 高海拔多年冻土地区的竖曲线最小半径

设计速度(km/h)		120	100	80	60	40	30	20
凸形竖曲线最小半径(m)	反应时间3.5s	20 000	11 500	6 500	3 300	1 400	750	300
	反应时间3.0s	17 000	10 500	5 600	3 000	1 200	650	250
凹形竖曲线最小半径(m)	反应时间3.5s	7 000	5 400	3 800	2 400	1 400	900	450
	反应时间3.0s	6 400	4 900	3 400	2 000	1 200	800	350

注:1. 设计交通量在公路等级适应交通量上限附近的新建干线公路,车辆以过境运输为主,在地形、地质条件许可情况下,应按3.5s反应时间的视距要求选用竖曲线指标。
  2. 设计交通量在公路等级适应交通量中间范围的集散公路,线形指标应根据地形掌握,在增加工程量数量不多的情况下,宜按3.0s反应时间的视距要求选用竖曲线指标。
  3. 设计交通量在公路等级适应交通量下限附近的地方公路或改建公路,应按现行《公路工程技术标准》(JTG B01)规定要求选用竖曲线指标,避免工程数量的增大和对周围环境的破坏。

3.3.3 高海拔多年冻土地区应考虑路面冰滑的特点,平曲线最小半径应按表3.3.3确定。设计交通量在公路等级适应交通量下限附近的改建公路,当条件受限时,平曲线指标可按其他现行标准规范规定选用。

表3.3.3 高海拔多年冻土地区平曲线最小半径

设计速度(km/h)	120	100	80	60	40	30	20
平曲线最小半径(m)	710	500	310	200	90	55	25

3.3.4 海拔高度3 000m及以上地区,最大纵坡不宜大于7%,且应按表3.3.4予以折减。最大纵坡折减后小于4%时,仍采用4%。

表3.3.4 高海拔多年冻土地区最大纵坡折减值

海拔高度(m)	3 000~3 500	3 500~4 000	4 000~4 500	4 500~5 000	5 000以上
纵坡折减(%)	0.5	1.0~1.5	2.0	2.5	3

条文说明

青藏公路的实地调研数据分析表明:由于高海拔多年冻土地区空气稀薄,导致车辆动力性能降低,其平均速度比平原区行驶速度降低10km/h以上。因此,在海拔高度3 000m及以上地区,最大纵坡度应在平原区纵坡规定基础上适当折减。

3.3.5 在高海拔多年冻土地区,公路的最大坡长应按表3.3.5确定。

表3.3.5 高海拔多年冻土地区最大坡长(m)

设计速度(km/h)		120	100	80	60	40	30	20
纵坡坡度(%)	3	700	800					
	4		600	750	900			
	5			500	600	700		
	6				500	550	600	700
	7					400	450	500

3.3.6 双车道公路连续上坡路段,沿连续上坡方向载货汽车的运行速度低于表3.3.6的容许最低速度,且符合下列情况之一者,宜在上坡方向行车道右侧设置爬坡车道:
1 相邻的平坡路段和上坡路段,服务水平相差超过2个级别;
2 上坡路段服务水平降低至四级。

表3.3.6 上坡方向容许最低速度

设计速度(km/h)	80	60	40
容许最低速度(km/h)	50	40	25

3.3.7 超车道的设置标准应以跟车率作为评价指标确定,设置超车道后,在不同的交通量条件下,服务水平应不低于三级。超车道设置标准宜符合表3.3.7的规定。

表3.3.7 超车道长度和间距的推荐值

交通量(辆/h)	推荐的超车道长度(km)	推荐的超车道间距(km)
400	0.8~1.2	10~12
600	1.2~2.0	8~9
800	2.0~2.4	5~7
1 000	2.4~2.8	4~6
1 200	2.8~3.2	4~5

条文说明

超车道的长度和设置间距对提高路段的运行效率非常关键,如果超车道长度太短,或间距太长,就不能有效地降低车辆的排队长度,如果超车道太长,且间距太短,则又不够经济。因此,超车道的合理设置应该是综合超车道长度和间距的最佳组合。

3.3.8 超车道及爬坡车道的横断面布置形式如图3.3.8所示,沿行车道外侧将路基拓宽。过渡段长度可按式(3.3.8-1)和式(3.3.8-2)计算。

最短分流过渡段长度

$$L_\mathrm{D} = vW/3.6 \qquad (3.3.8\text{-}1)$$

最短合流过渡段长度

$$L_\mathrm{M} = vW/2.16 \qquad (3.3.8\text{-}2)$$

式中:v——运行速度(km/h);
　　　W——拓宽宽度(m)。

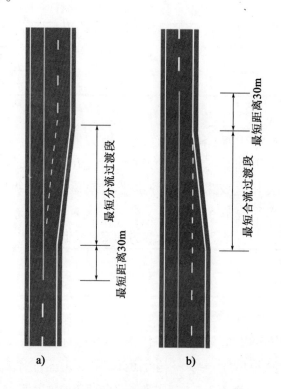

图3.3.8　超车道及爬坡车道横断面布置图
a)超车道或爬坡车道开始,引导慢车驶入右侧车道;b)超车道或爬坡车道结束,引导慢车驶回正常车道

4 工程地质勘察

4.1 一般规定

4.1.1 冻土工程地质勘察工作应综合采取冻土工程地质调查与测绘、勘探、冻土取样、室内试验、原位测试和定位观测等手段,评价公路沿线冻土工程地质条件。

4.1.2 冻土工程地质勘察应做好既有公路的地质、冻土、气象等资料的收集和整理工作。

4.1.3 冻土工程地质勘察应查明以下主要内容:
1 地貌形态特征、分布情况和成因类型,并划分地貌单元;
2 地貌与第四纪地质、岩性、构造、地表水、地下水等与冻土现象的关系;
3 冻土的分布、埋藏、结构、地下冰类型及其与各种自然条件的关系;
4 多年冻土年平均地温、地表温度较差和冻土温度变化;
5 冻土现象的形成、分布、形态、规模和发育程度;
6 多年冻土地区融区的分布特征、成因及其与自然因素及人为工程活动的关系。

4.1.4 勘察场地的复杂程度可根据冻土温度、含冰状态、不良冻土地质现象和工程对生态环境影响程度等因素按表4.1.4进行划分。

表4.1.4 勘察场地的复杂程度

场地复杂程度	冻土温度(℃)	含冰状态	不良地质现象	对环境影响
复杂场地	≥-1.5	厚层地下冰发育	强烈发育	影响大
一般场地	≥-1.5	地下冰发育	一般发育	有不利影响
简单场地	<-1.5	地下冰不发育	不发育	无影响

条文说明

场地复杂程度等级划分时,主要考虑冻土工程地质条件,其中多年冻土年平均地温直接影响和决定着多年冻土工程地质条件的稳定状态。由于沥青路面具有强烈的吸热效应,多年冻土年平均地温高于-1.5℃时,对气候变化和工程活动极为敏感,在气候变化和工程活动影响下冻土极不稳定;多年冻土年平均地温低于-1.5℃时,对气候变化和工程活动不太敏感,在气候变化和工程活动下冻土相对较为稳定。

4.1.5 冻土工程地质勘察时应采用调绘、坑探、钻探和物探相结合的方法,查明公路沿线的冻土特征,并符合以下规定:

1 地面调查宜结合测绘开展,重点调绘第四系类型和地表岩性特征,并开展必要的坑探,调查多年冻土上限深度和上限附近冻土工程类型。

2 公路沿线冻土的勘察应采用物探和钻探相结合的方法进行,重点查明多年冻土含冰状态、多年冻土上限,必要时在钻探完成一个月后对钻孔进行测温,获取冻土温度资料,测温频率宜为每月1次,测温次数应不少于3次。

3 应结合勘察阶段的特点与钻探工作量,合理布设钻探工作量,重点勘察不同冻土类型的界限和冻土区与融区的分界线。

4.2 工程地质勘察阶段和要求

4.2.1 工程可行性研究阶段应了解路线走廊带的地形地貌、地层岩性、地质构造、水文地质条件及地震动参数,初步查明各路线方案冻土的分布、性质、发育规律及影响工程方案的主要工程地质问题,为编制可行性研究报告提供地质资料,并符合以下规定:

1 应充分收集和研究项目建设区既有的地质、水文、气象、冻土及遥感资料解译资料,分析研究路线通过地带的冻土现象,明确勘察重点,拟定勘察方案。

2 应进行1:10 000路线工程地质调绘,范围应包括各路线走廊所处的带状区域,必要时,辅以物探探明路线上的冻土发育规律。

3 应结合工程方案研究,开展必要的地质钻探,钻探工作量宜每公里不少于1个钻孔,获取公路沿线多年冻土上限深度和冻土工程类型等基本参数。

4 应评价多年冻土边缘地带和高温冻土带的冻土退化、高含冰量冻土分布地区的热融下沉,以及严重冻胀等对主要工程方案的影响。

5 应对多年冻土地区既有公路工程稳定性进行调查、评价,分析冻土类型、冻土上限、年平均地温、不良冻土现象及公路两侧环境变化等与路基稳定性的关系。

4.2.2 初步勘察应在工可勘察的基础上进行,结合工程方案研究,基本查明各路线方案的工程地质条件及影响工程建设的主要地质问题,为编制初步设计文件提供地质资料,并符合以下规定:

1 应充分收集和研究项目建设区既有的地质、水文、气象、冻土等资料,结合工可勘察成果,明确勘察重点,制定勘察方案。

2 应结合工程设计方案,进行路线两侧各300m范围1:2 000的工程地质调绘,开展一定的地质钻探,钻探工作量宜每公里不少于3个钻孔,基本查明路线的冻土发育规律与冻土分布规律。

4.2.3 初步勘察应采用综合勘察手段,基本查明公路沿线及各类工程结构建设场地的下列内容:

    1 地层岩性、地质构造、地震动参数;

    2 地形地貌的成因、类型、分布、形态特征、地表的物质组成和植被情况;

    3 冻土的分布、类型、厚度、含水率、含冰量、地温、地层结构、土质及其物理、力学和热学性质;

    4 多年冻土上限、季节性冻土最大冻结深度、冻土的融沉等级和冻胀性;

    5 多年冻土的形成、发展与变化趋势和融区的分布情况;

    6 冻土沼泽、冻胀丘、冰锥、热融湖(塘)、热融滑塌、融冻泥流等不良地质的分布、规模及其发展和变化情况;

    7 地表水和地下水的发育情况及其与冻土的关系;

    8 沿线填料、保温材料、工程用水和生活用水的分布情况;

    9 既有道路和工程建筑的使用情况及对冻土环境的影响。

4.2.4 详细勘察应在初步勘察的基础上进行,查明路线及各类工程结构建设场地的地质条件,为编制施工图设计文件提供地质资料,并符合以下规定:

    1 应充分收集和研究项目建设区既有的地质、水文、气象、冻土及工程等资料,结合初步勘察成果,明确勘察重点,制定勘察方案。

    2 应结合工程设计方案,进行路线两侧各200m范围1∶2 000的工程地质调绘,采用地质钻探,钻探工作量宜每公里不少于5个钻孔,查明路线冻土分布的路段、不同冻土类型与冻土现象分布的路段以及冻土区与融区的分界线。

4.2.5 详细勘察应在确定的线位上进行,查明公路沿线及各类工程结构建设场地的下列内容:

    1 冻土的成因、类型、分布、厚度、土质及地层结构;

    2 冻土的物理、力学和热学性质,含水率、含冰量、地温;

    3 多年冻土上限、季节性冻土最大冻结深度、冻土的融沉等级和冻胀性;

    4 冻土沼泽、冻胀丘、冰锥、热融湖(塘)、热融滑塌、融冻泥流等不良地质的分布、规模及其发展和变化情况及对公路工程方案的影响;

    5 地表水和地下水的发育情况及其与冻土的关系;

    6 沿线填料、保温材料、工程用水和生活用水的分布情况;

    7 既有道路和工程建筑的使用情况。

4.3 勘察设备与试验仪器

4.3.1 冻土工程地质钻探设备选型应满足下列基本条件:

    1 宜选用轻便、易装卸、动力充足的中小型钻机。当路线地表可以承受重型钻机时,也可采用中型汽车钻机。

2 钻机额定钻探深度宜为 50~100m。

3 钻机的功率应考虑高海拔地区损失,按钻探深度 1 倍以上选择。

4 钻机钻进速度应满足要求。

4.3.2 地质雷达选型应满足下列要求:

1 地质雷达勘测深度应达到地下 10~20m 的范围,能查明地表以下多年冻土上限和上限附近地下冰的分布。

2 地质雷达天线应根据实际勘测深度和精度以及不同地质情况的要求选择,可采用 25MHz、50MHz、100MHz 三种天线。复杂工程地质场地勘察时,宜选择不同频率的天线相互补充。

4.3.3 冻土总含水率和重度参数应在现场直接采样进行测定,土体颗粒分析、热学、力学等参数可在室内进行测定,并符合以下规定:

1 冻土总含水率可使用土样盒和普通称重天平等设备,采用酒精燃烧法在现场测试。

2 冻土重度测试可使用排液桶和电子天平等设备,采用排液法测试。冻土样应用塑料保鲜薄膜包裹,并快速完成测试。

4.3.4 现场钻孔温度测试仪器应满足下列要求:

1 冻土区测温宜采用热敏电阻等测温元件,热敏电阻可采用万用表或数采仪测量。

2 万用表或数采仪的测量精度应不低于 10Ω,温度测量精度应不低于 $0.1℃$。

4.4 工程地质勘探与取样

4.4.1 多年冻土工程地质勘探应选择在适宜的时间进行,冻结或融化过程形成的不良冻土现象宜分别在 2 月、3 月或 7 月、8 月、9 月进行调查和勘探,多年冻土上限宜在 9 月、10 月进行调查和勘探。

4.4.2 地质勘探宜在路线两侧 100m 范围内进行,钻探深度应不小于多年冻土地温年变化深度,并应符合各勘察阶段精度要求。

4.4.3 多年冻土工程地质勘探应减少对场地地表植被的扰动和破坏,被扰动和破坏的地表应进行植被恢复,坑探和槽探应及时回填并进行植被恢复。

4.4.4 坑探和钻探应对勘探点周围 100m×100m 范围内的地表植被覆盖度、土质和不良冻土现象及人为扰动特征进行描述。

4.4.5 多年冻土地区工程地质钻探应符合下列规定：

1 第四系松散地层，宜采用低速干钻方法，回次进尺宜为0.20～0.50m。高含冰量的冻结黏性土层应采取快速干钻方法，回次进尺不宜大于0.80m。冻结的碎块石和基岩可采用低温冲洗液钻探方法。

2 冻土钻探的开孔直径不宜小于130mm；终孔直径宜为110mm，不应小于91mm。

3 对需要保留的观测孔和测温孔，应按勘察阶段的要求处理并及时回填；长期观测孔应用套管加以保护；套管与钻孔间的空隙应及时回填，回填材料宜使用细砂。

4.4.6 冻土浅部土层、各地貌单元分界线处的季节融化层厚度和地层变化等宜采用坑探和槽探进行勘探，应绘制坑探的坑壁展示图和槽探的槽壁纵断面图。

4.4.7 多年冻土地区宜采用地质雷达进行物探，地质雷达勘测点间距不宜大于10m，复杂场地和重点工程的间距宜为2m，并查明横断面方向多年冻土基本特征及分布、地下冰厚度和分布等情况；季节冻土区以及融区的精度可按各勘察阶段要求确定。

4.4.8 测定冻土基本物理性质指标的土样应由地面以下0.5m开始逐层取样，土层厚度不足1m时取样应不少于1个；土层厚度大于1m时，每1m取样应不少于1个；冻土上限附近及含冰量变化大时应加密取样。测定冻土基本物理、热物理性质指标的土样应不少于1个，测定冻土力学性质指标的土样应不少于3个。

4.5 工程地质分区

4.5.1 多年冻土地区可根据地貌条件、冻土分布和特征及冻土物理力学指标，进行三级分区，反映区域冻土的工程地质条件和场地的复杂程度。

条文说明

冻土具有较强的空间分异性和复杂性。按照存在的时间，冻土可划分为瞬时冻土、季节冻土和多年冻土三类；按照其分布连续性，可划分为稀疏岛状多年冻土、岛状多年冻土、不连续多年冻土和连续多年冻土四类；按照含冰量，可分为少冰冻土、多冰冻土、富冰冻土、饱冰冻土和含土冰层；按照冻土温度状态，可分为高温冻土和低温冻土等。每种类型冻土在空间上分布均具有各自的特征和规律，且对气候变化和工程活动的响应存在显著的差异，对公路工程稳定性影响具有较大的差异，不同的冻土类型对相应的多年冻土地区公路工程设计原则选择具有非常重要的作用。因此，为了能够更好地评价勘察区内的冻土区域分布规律和冻土工程地质特征，摸清多年冻土温度和含冰状态等，应进行勘察区内冻土工程地质分区。

4.5.2 第一级分区应反映下列内容：

1 多年冻土分布区域、范围和厚度；
2 多年冻土的年平均地温；
3 地貌单元如分水岭、山坡、河谷等的冻土形成和存在条件；
4 冻结沉积物的成因类型；
5 主要冻土地质现象。

4.5.3 第二级分区应在第一级分区的基础上反映下列内容：
1 各冻土类型的地质、地貌、构造等基本条件，冻土的成分、地下冰的性质、分布及其所决定的冻土构造和埋藏条件；
2 多年冻土地温分带，可按表4.5.3划分；

表4.5.3 多年冻土地温分带

多年冻土年平均地温 T_{cp}(℃)	$T_{cp}<-3$	$-3 \leq T_{cp}<-1.5$	$-1.5 \leq T_{cp}<-0.5$	$-0.5 \leq T_{cp}<0$
分带名称	稳定地温带	基本稳定地温带	不稳定地温带	极不稳定地温带

3 多年冻土及融区的分布面积、厚度及其连续性；
4 季节冻结层及其与下卧多年冻土层的衔接关系；
5 各地带的冻土现象、年平均气温、地下水、雪盖及植被等基本特征。

4.5.4 第三级分区应在第二级分区的基础上反映下列内容：
1 冻土的工程地质条件及自然条件，各工程地段冻土的含冰程度、物理、力学性质和热学性质；
2 按冻土工程地质条件及其物理力学参数，划分不同的冻土工程地质分区地段。

4.6 工程地质评价

4.6.1 冻土工程地质评价应包括下列内容：
1 冻土类型、分布及成分、结构、性质、厚度等评价；
2 冻土温度状态的变化，包括地表积雪、植被、水体、沼泽化、大气降水渗透作用、土体的含水率、地形等引起的变化；
3 季节融化深度的变化、冻土物理力学和热学性质的变化、冻土现象（过程）的动态变化；
4 既有公路工程所引起的冻土现象和冻土工程地质条件变化的情况；
5 提出防治措施的建议。

4.6.2 土体冻胀和融沉特性评价应根据地质勘察、冻土物理力学试验和冻胀试验资料进行综合评价；试验资料不足时，也可根据工程经验，参考以下规定进行评价：
1 季节融化层土的冻胀性可根据土的平均冻胀率按表4.6.2-1划分为不冻胀、弱冻胀、冻胀、强冻胀和特强冻胀五级。

2 多年冻土融沉性可根据冻土融沉系数按表4.6.2-2和表4.6.2-3划分为不融沉、弱融沉、融沉、强融沉和融陷五级。

表4.6.2-1 季节融化层土的冻胀性分级

冻胀等级	冻胀类别	平均冻胀率 η(%)	土的类别	冻前天然含水率 w(%)	冻结期间地下水位距冻结面的最小距离 h_w(m)
Ⅰ	不冻胀	$\eta \leq 1$	<0.075mm粉黏粒含量≤15%的粗颗粒土（包括碎石类土、砾、粗砂、中砂，以下同）以及粉黏粒含量≤10%的细砂	不考虑	
			<0.075mm粉黏粒含量>15%的粗颗粒土，粉黏粒含量>10%的细砂	$w \leq 12$	>1.0
			粉砂	$12 < w \leq 14$	>1.0
			粉土	$w \leq 19$	>1.5
			黏性土	$w \leq w_P + 2$	>2.0
Ⅱ	弱冻胀	$1 < \eta \leq 3.5$	<0.075mm粉黏粒含量>15%的粗颗粒土，粉黏粒含量>10%的细砂	$w \leq 12$	≤1.0
				$12 < w \leq 18$	>1.0
			粉砂	$w \leq 14$	≤1.0
				$14 < w \leq 19$	>1.0
			粉土	$w \leq 19$	≤1.5
				$19 < w \leq 22$	>1.5
			黏性土	$w \leq w_P + 2$	≤2.0
				$w_P + 2 < w \leq w_P + 5$	>2.0
Ⅲ	冻胀	$3.5 < \eta \leq 6$	<0.075mm粉黏粒含量>15%的粗颗粒土，粉黏粒含量>10%的细砂	$12 < w \leq 18$	≤1.0
				$w > 18$	>0.5
			粉砂	$14 < w \leq 19$	≤1.0
				$19 < w \leq 23$	>1.0
			粉土	$19 < w \leq 22$	≤1.5
				$22 < w \leq 26$	>1.5
			黏性土	$w_P + 2 < w \leq w_P + 5$	≤2.0
				$w_P + 5 < w \leq w_P + 9$	>2.0
Ⅵ	强冻胀	$6 < \eta \leq 12$	<0.075mm粉黏粒含量>15%的粗颗粒土，粉黏粒含量>10%的细砂	$w > 18$	≤0.5
			粉砂	$19 < w \leq 23$	≤1.0
			粉土	$22 < w \leq 26$	≤1.5
				$26 < w \leq 30$	>1.5
			黏性土	$w_P + 5 < w \leq w_P + 9$	≤2.0
				$w_P + 9 < w \leq w_P + 15$	>2.0

续上表

冻胀等级	冻胀类别	平均冻胀率 $\eta(\%)$	土 的 类 别		冻前天然含水率 $w(\%)$	冻结期间地下水位距冻结面的最小距离 $h_w(m)$
V	特强冻胀	$\eta > 12$	粉砂		$w \leq 23$	不考虑
			粉土		$26 < w \leq 30$	≤ 1.5
					$w > 30$	不考虑
			黏性土		$w_P + 9 < w \leq w_P + 15$	≤ 2.0
					$w \leq w_P + 15$	不考虑

注:1. 总含水率(w)为天然含水率的平均值。
2. w_P 为塑限含水率。
3. 盐渍化冻土、泥炭化冻土不在表列。
4. 塑性指数大于22,冻胀性可降低一级。
5. 当碎石类土中的充填物大于全部质量的40%时,其冻胀性按充填物土的类别判定。

表 4.6.2-2 多年冻土的融沉性分级(一)

融沉系数(%)	$\delta_0 \leq 1$	$1 < \delta_0 \leq 3$	$3 < \delta_0 \leq 10$	$10 < \delta_0 \leq 25$	$\delta_0 > 25$
融沉性等级	I	II	III	IV	V
融沉性类别	不融沉	弱融沉	融沉	强融沉	融陷

表 4.6.2-3 多年冻土的融沉性分级(二)

融沉等级	融沉类别	土 的 名 称	总含水率 $w(\%)$	平均融沉系数 $\delta_0(\%)$
I	不融沉	碎(卵)石、砾、粗砂、中砂(粒径<0.075mm 含量≤15%)	$w < 10$	$\delta_0 \leq 1$
II	弱融沉		$w \geq 10$	$1 < \delta_0 \leq 3$
I	不融沉	碎(卵)石、砾、粗砂、中砂(粒径<0.075mm 含量>15%)	$w < 12$	$\delta_0 \leq 1$
II	弱融沉		$12 \leq w < 15$	$1 < \delta_0 \leq 3$
III	融沉		$15 \leq w < 25$	$3 < \delta_0 \leq 10$
IV	强融沉		$w \geq 25$	$10 < \delta_0 \leq 25$
I	不融沉	粉、细砂	$w < 14$	$\delta_0 \leq 1$
II	弱融沉		$14 \leq w < 18$	$1 < \delta_0 \leq 3$
III	融沉		$18 \leq w < 28$	$3 < \delta_0 \leq 10$
IV	强融沉		$w \geq 28$	$10 < \delta_0 \leq 25$
I	不融沉	粉土	$w < 17$	$\delta_0 \leq 1$
II	弱融沉		$17 \leq w < 21$	$1 < \delta_0 \leq 3$
III	融沉		$21 \leq w < 32$	$3 < \delta_0 \leq 10$
IV	强融沉		$w \geq w_P$	$10 < \delta_0 \leq 25$

续上表

融沉等级	融沉类别	土的名称	总含水率 $w(\%)$	平均融沉系数 $\delta_0(\%)$
Ⅰ	不融沉	黏性土	$w < w_P$	$\delta_0 \leq 1$
Ⅱ	弱融沉		$w_P \leq w < w_P + 4$	$1 < \delta_0 \leq 3$
Ⅲ	融沉		$w_P + 4 \leq w < w_P + 15$	$3 < \delta_0 \leq 10$
Ⅳ	强融沉		$w_P + 15 \leq w < w_P + 35$	$10 < \delta_0 \leq 25$
Ⅴ	融陷	含土冰层	$w \geq w_P + 35$	$\delta_0 > 25$

注：1. 总含水率包括冰和未冻水。
    2. 盐渍化冻土、泥炭土、腐殖土、高塑性黏土不在表列。
    3. w_P 为塑限含水率。

4.6.3 不良冻土现象评价应包括下列内容：

1 对以融化过程为主的不良冻土现象，应描述热融湖(塘)、热融洼地和热融滑塌等不良冻土现象的成因、规模、与公路的距离，评价热融湖(塘)、热融洼地和热融滑塌对公路的影响程度，分析和预测不良冻土现象的发生、发展对公路路基稳定性的影响。

2 对以冻结过程为主的不良冻土现象，应描述冻胀丘、河(泉)水冰锥等不良冻土现象的成因、规模、与公路的距离，评价冻胀丘、冰锥对公路路基的影响，对泉水冰锥演变为冰幔的影响范围及对路基稳定性和行车安全的影响进行评价和预测。

4.6.4 生态环境评价应调查与评价自然条件变化和人类工程活动对生态环境的影响，以及冻土环境变化对工程建筑物稳定性的影响。评价范围宜为公路路线两侧各1km。评价应包括以下内容：

1 描述既有工程对生态环境的影响和恢复特征，以及影响生态环境恢复的因素。

2 分析拟建工程施工引起的地形地貌、地表植被、工程地质条件、水文及水文地质条件变化及地下冰暴露等对生态环境的影响。

3 预测公路工程施工和运营可能引起的多年冻土环境变化及其对生态环境可能产生的影响，提出应采取的对策。

4 提出公路工程施工和运营中应注意的环境保护问题和措施。

条文说明

冻土区生态环境极为脆弱，一旦破坏将难以恢复。同时，生态环境变化将引起冻土环境发生变化，从而对工程稳定性造成影响。因此，在冻土工程地质评价中应注意评价工程建设对生态环境的影响。

4.6.5 工程地质评价的图表资料应包括下列内容：

1 1:2 000路线工程地质平面图；

2 1:2 000路线工程地质纵剖面图；

3 1:2 000冻土工程地质分区图;
4 1:500~1:2 000工点工程地质平面图;
5 1:200~1:2 000工点工程地质断面图;
6 1:50~1:200钻孔工程地质柱状图;
7 土工试验汇总表;
8 物探、水文地质测试资料;
9 长期观测资料;
10 其他资料。

5 一般路基设计

5.1 一般规定

5.1.1 路基设计应收集气象、工程地质及冻土物理、力学试验等资料。改建公路设计还应收集既有公路路况、病害调查及病害防治资料。

条文说明

公路路基作为线形结构物,要跨越各类不同的地貌单元、地层岩组、构造体系以及各种特殊的不良地质现象,因此路基设计之前,应做好全面调查工作,以便充分考虑多年冻土地区特殊的气候条件、气温波动、地质条件和冻土环境对路基基础、结构形式、填料、施工方案和养护维修的要求,根据公路等级、行车要求和自然条件,做出正确的设计。

5.1.2 路基设计应考虑地表水对多年冻土的不利影响,采取措施疏导地表水,做好路基排水防护设计。

条文说明

路基两侧积水渗入路基及地下,会改变多年冻土的温度环境,导致多年冻土融化,诱发多年冻土病害,因此在多年冻土地区加强路基排水设计至关重要。

5.1.3 存在多年冻土层的挖方路基,应采取封闭保护措施,避免冻土层长期暴露吸热引起边坡病害。

5.1.4 路基填筑应选择不冻胀或弱冻胀及弱融沉性的土石填料。严禁使用富含腐殖质的土、草炭土、泥炭土、草皮以及冻土作填料。

5.1.5 多年冻土地区路基设计应考虑冻土地区生态环境特征,注意植被的保护,路基两侧200m内不得随意取土。

5.2 设计原则

5.2.1 路基设计应依据多年冻土地区地温特征值、多年冻土类型、冻土总含水率以及路基病害调查资料,结合区内冻土分布、冻土变化情况以及路面类型,考虑工程建设的技术经济可行性与合理性,分段采用不同的设计原则。

5.2.2 符合下列条件之一时,宜按保护冻土的原则设计:
1 年平均地温低于-1.5℃的低温稳定和基本稳定多年冻土区;
2 当地多年冻土天然上限小于2m,厚度大于10m的路段。

5.2.3 符合下列条件之一时,宜按主动冷却、综合治理的原则设计:
1 年平均地温高于-1.5℃,厚度超过5m的多年冻土高含冰量路段或岛状多年冻土区高含冰量路段;
2 冻土含冰量虽低,但区域路基病害严重路段;
3 存在不良冻土现象的路段。

5.2.4 符合下列条件之一时,宜按控制融化速率的原则设计:
1 基底地质情况良好,为少冰冻土或多冰冻土,融化下沉后不致造成路基病害;
2 基底多年冻土厚度不超过5m,埋藏浅,范围小,下部为少冰冻土、多冰冻土或基岩的路段;
3 邻近多年冻土分布区域边界的零星岛状多年冻土路段,多年冻土层已处在退化状态中,保护多年冻土难以取得成效时;
4 道路等级较低,交通量不大时。

5.2.5 符合下列条件之一时,宜按预融冻土的原则设计:
1 地温较高、冻土厚度不超过2m路段;
2 需挖除和换填路段。

5.2.6 多年冻土区内的融区宜按季节冻土区设计。

5.3 路床

5.3.1 路床填料的选择应考虑冻结层中含水率及填料的冻胀敏感性等因素。宜采用砂砾等粗粒土作填料,不宜采用富含腐殖质的土、草炭土、泥炭土、草皮以及冻土。

5.3.2 路床加固应考虑土质、降水量、地下水类型及埋藏深度、加固材料来源等因素,对就地碾压、换土或土质改良、设置土工合成材料等加固措施应通过综合比选确定。

5.4 路堤设计

5.4.1 低温冻土区一般填土路堤,按保护多年冻土或控制多年融化速率原则设计时,路基最小填土高度 H_0 可按式(5.4.1)确定。

$$H_0 = 0.05y - 1.10h_t - 95.16 \quad (5.4.1)$$

式中:h_t——冻土天然上限(m);
y——设计路基时的年份。

5.4.2 低温多年冻土地区新建路基设计临界高度 H_S 可按式(5.4.2-1)确定。

$$H_S = 0.52M\lambda_u H_R + S \quad (5.4.2\text{-}1)$$

$$H_R = 0.05\Delta t - 0.02y + 42.86 \quad (5.4.2\text{-}2)$$

式中:M——冻土类型修正系数,按表5.4.2确定;
λ_u——路堤填料在融化状态下的导热系数[W/(m·K)];
H_R——路基合理高度计算值(m);
S——季节融化层压缩沉降量(m);
Δt——道路设计年限(a)。

表5.4.2 冻土类型修正系数 M 取值范围

冻土类型	多冰冻土	富冰冻土	饱冰冻土	含土冰层
M	0.6~0.7	0.9~1.0	1.1~1.2	1.25

5.4.3 低温多年冻土地区改建路基设计临界高度 H_g 可按式(5.4.3)确定:

$$H_g = 0.52M\lambda_u H_0 + KP\phi\Delta tm + S \quad (5.4.3)$$

$$P = \Delta h/\Delta y$$

$$\Delta h = h_a - h_t - h$$

式中:K——气温修正系数;
P——平均融化速率,借鉴原有沥青路面下多年冻土融化速率;
Δh——沥青路面下多年冻土人为上限下降值(m);
h_a——路基下多年冻土人为上限(m);
h_t——计算断面的天然上限(m);
h——勘探年路基高度(m);
Δy——沥青路面竣工至勘探的时间(a);
ϕ——融化速度衰减系数,$\phi = 1/\ln\Delta y$;
m——填土当量换算经验系数,可按表5.4.3查取;
其他各参数意义同前。

表5.4.3 填土当量换算经验系数 m 取值表

冻土类型	适用条件		m^*
	路基现高 h(m)	上限下降值 Δh(m)	
含土冰层	3.8~3.0	0.4~1.2	1.0~5.0
饱冰冻土	2.4~2.8	0.8~1.6	1.0~2.5
富冰冻土	1.8~2.0	0.8~1.8	1.0~2.0

注：* 在设计时，现路基低者，上限下降值大者，m 取大值。

5.4.4 平坦地段，当路堤实际填土高度大于或等于路基设计临界高度时，冻土路堤典型横断面结构应符合以下规定：

1 地表排水条件较好时，路堤下部可采用当地细粒土填筑，上部宜采用粗粒土填筑。为防止冻胀翻浆，粗粒土填筑厚度应不小于0.5m。

2 地表排水条件较差时，宜采用粗粒土填筑路堤。当采用细粒土填筑时，下部应设毛细水隔断层，其厚度应保证在路堤工后沉降完成后隔断层高出最高积水水位不少于0.5m。

5.4.5 平坦地段，当路堤实际填土高度小于路基设计临界高度时，冻土路堤典型横断面结构应符合以下规定：

1 高含冰量多年冻土较薄且埋藏较浅时，可全部挖除换填，其结构可按图5.4.5-1设计。换填应选用保温、隔水性能较好的黏性土或片（块）石。

2 高含冰量多年冻土较厚时，可部分挖除换填，其结构可按图5.4.5-2设计。换填应选用保温、隔水性能较好的黏性土或片（块）石。换填深度与路堤高度之和应不小于路基设计临界高度（H_s 或 H_g）与天然上限之和。

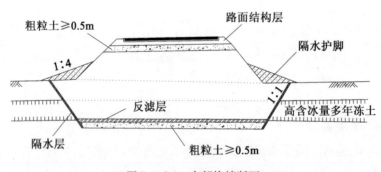

图5.4.5-1 全部换填断面

5.4.6 在坡度缓于1:5的缓坡地段，宜以路堤形式通过，基底不宜挖台阶；缓坡地段路堤结构可参考平坦段路堤结构设计，并在其上方一侧合适位置设置挡水埝或截水沟，下方一侧坡脚设置宽2.0~3.0m、高1.0~2.0m的反压保温护道。

5.4.7 高含冰量多年冻土埋藏较浅，可能融化影响路堤稳定时；路侧排水不畅或人为活动频繁，间接破坏坡脚下伏冻土，影响路堤稳定时，宜设置保温护道、护脚。高温多年冻土地区新修路堤或路堤两侧地表环境未遭到严重破坏的情况下,不宜修筑保温护道;从力学上稳定边坡或防水需要设置护道时,应在护道表面铺筑碎石层或草皮。保温护道、坡脚可采用泥炭、草皮、黏性土或其他保温隔水性能良好的当地材料;采用砂砾、粗颗粒土或其他易渗水性材料时,表面应覆盖0.2m厚的黏性土保护层预防水分侵蚀。保温护道、护脚设计尺寸宜按表5.4.7确定,断面结构可参考图5.4.7-1、图5.4.7-2设计。

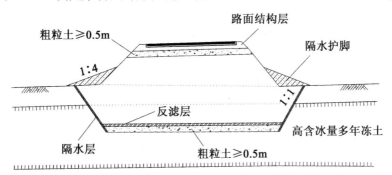

图 5.4.5-2　部分换填断面

表 5.4.7　护道或护脚尺寸

路堤高度(m)	采用护道或护脚	高度(m)	宽度(m)
≤3	护脚	0.8~1.2	2.0~2.5
>3	护道	1.5~2.5	2.0~3.0

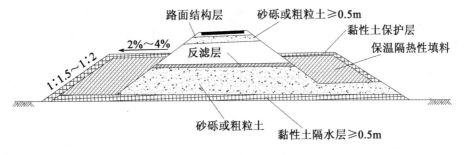

图 5.4.7-1　保温护道

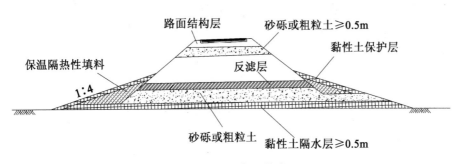

图 5.4.7-2　保温护脚

5.4.8　按控制融化速率的设计原则设计时,不同冻土地质条件应分段采用不同的多年冻土人为上限下降允许值。路基高度可参考低温冻土区改建路基临界设计高度进行设计。多年冻土人为上限下降允许值可按表5.4.8确定。

表5.4.8 不同冻土类型的人为上限下降允许值

地基多年冻土类型	人为上限下降允许值(m)	地基多年冻土类型	人为上限下降允许值(m)
含土冰层	0.15～0.20	富冰冻土	1.00～1.50
饱冰冻土	0.50～0.75		

5.4.9 多年冻土地区路堤设计不宜清除地表植被,当遇泥炭、沼泽等地表软弱层时,应采取有效措施进行地表处理,路基临界设计高度应采用处理后的地基参数计算确定。

5.4.10 除基岩路段外,路基最小高度不宜低于1.5m,非纵坡或构造物控制段路基高度不宜超过3.5m。

5.4.11 路堤边坡坡度应根据当地的工程地质与水文地质条件、路基高度、填料的物理力学性质、施工方法、地貌形态等因素综合确定。边坡坡度宜采用1:1.5～1:1.75。在富冰冻土、饱冰冻土和含土冰层等路段,细粒土层中天然含水率较高时,边坡坡度宜放缓至1:1.75～1:2.0。

5.5 低填浅挖及零填挖断面结构设计

5.5.1 低填浅挖及零填挖断面路基的设计应根据路段的水文、地质条件和多年冻土的含冰量条件等进行设计,并应进行不同处治方案的经济与技术可行性比较。不宜采用路基填土高度小于0.5m和开挖深度小于0.5m的低填浅挖及零填挖断面路基设计方案。

条文说明

多年冻土地区的低填浅挖及零填挖断面地段是最容易产生融沉、冻胀及冰害的地段,为了保护冻土应尽量避免低填浅挖及零填挖断面,但为了满足公路工程路线技术标准的要求,此类路段仍会出现,因此应尽量减少或缩短其数量或长度。

5.5.2 路基下多年冻土中的富冰冻土、饱冰冻土、含土冰层等高含冰量冻土厚度不大,且埋藏深度小于或等于3.5m时,宜采用全部清除换填的路基设计方案,如图5.5.2所示。换填底部应填筑不少于0.5m厚的水稳定性好的透水层,并做好基底的纵向排水和边坡防护。

5.5.3 路基下多年冻土中的富冰冻土、饱冰冻土、含土冰层等高含冰量冻土厚度较大,埋藏较深,全部清除换填困难且不经济时,可采取部分换填的保护多年冻土路基设计方案,如图5.5.3所示。路基高度与换填深度之和不应小于路基设计临界高度与天然上限之和。换填材料应选用保温和隔水性能好的黏性土或设置XPS板等保温隔热层。路床应设置厚度不小于0.5m的水稳性好的粗颗粒土;基底应设置厚度不小于0.5m的砂砾或粗颗粒土毛细水隔断层。

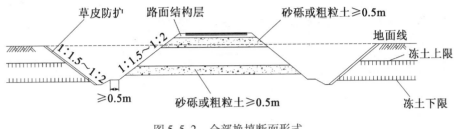

图 5.5.2 全部换填断面形式

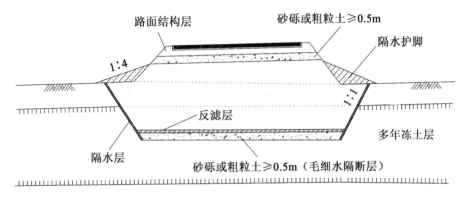

图 5.5.3 基底部分换填断面形式

5.5.4 公路等级较低,路基下多年冻土层中的含冰量较小且埋藏较深,采取部分换填设计方案无法保持路基稳定时,可采用预融多年冻土的路基设计方案。

5.6 路堑设计

5.6.1 路堑设计应考虑区域气候条件和冻土条件,遵循保护多年冻土的原则设计。

条文说明

开挖路堑由于将多年冻土直接暴露在大气中,造成夏季的热融沉陷、边坡热融滑塌,冬季路基路面冻胀。当有地下水存在时,还会边坡挂冰、延流冰上路等病害。因此应遵循保护多年冻土的原则进行路堑设计。

5.6.2 多年冻土地区路堑设计应包括换填隔热设计和支挡结构防护设计。富冰冻土、饱冰冻土及含土冰层等高含冰量地段的路堑,应采用基底部分或全部换填以及坡面保温等措施。

5.6.3 换填隔热设计应包括确定断面形式和处理措施、计算边坡隔热层和换填厚度、验算边坡稳定性和基底强度。采用的断面形式和处理措施应避免多年冻土受外界热扰动及水侵蚀。断面形式可参考图5.6.3-1和图5.6.3-2设计。

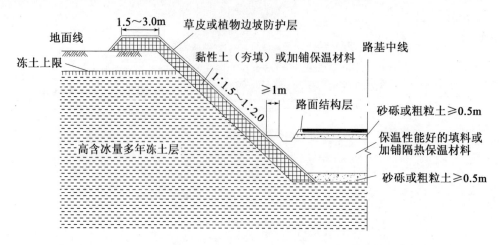

图5.6.3-1 部分挖除多年冻土换填的路堑断面形式

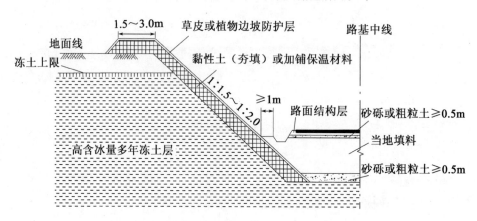

图5.6.3-2 全部挖除多年冻土换填的路堑断面形式

1 全部挖除多年冻土换填时,换填厚度及结构要求应符合相关规定;部分换填时,换填厚度应不小于路基设计临界高度与天然上限之和,换填材料宜采用当地碎(块)石、砾石、黏性土等材料。路堑边坡宜采用黏性土夯填并在表层铺砌草皮,边坡坡度宜采用1:1.5~1:2.0。

2 路堑设计中边坡防护、基底换填均应满足保温隔热的要求。保温隔热厚度可按式(5.6.3)计算。

$$h_\mathrm{T} = k \cdot \frac{\lambda_0}{\lambda_\mathrm{t}} \cdot h_\mathrm{t} \qquad (5.6.3)$$

式中：h_T——设计边坡防护厚度或基底换填厚度(m);

k——安全系数,设计边坡保温层时,取1.2~1.5;设计基底换填时,取1.5~2.0;

λ_0——所选用保温材料或换填材料的导热系数[W/(m·K)],如果为多层材料则依据热阻等效原则计算平均导热系数,即:

$$\lambda_0 = h_\mathrm{T} \Big/ \left(\frac{h_1}{\lambda_1} + \frac{h_2}{\lambda_2} + \cdots + \frac{h_n}{\lambda_n} \right)$$

$h_n(n=1,2,\cdots)$——如果边坡防护或基底换填为多层材料,则分别对应各层材料的厚度;

$\lambda_n(n=1,2,\cdots)$——分别为各层材料的导热系数[W/(m·K)];

h_t——当地天然上限深度(m);

λ_t——当地季节融化层融化状态下平均导热系数[W/(m·K)]。

3 当计算边坡或基底换填的保温隔热厚度过大造成施工不便或不经济时,可在边坡或基底铺设隔热材料。基底铺设隔热材料时,宜在其底部设置一定厚度的砂垫层;边坡铺设隔热材料时,应预留泄水孔。

4 边坡稳定性与基底强度可按规范规定的一般地区进行验算。

5.6.4 路堑坡顶宜采取设置截水沟、挡水埝等措施,防止上方自然坡面地表水危害边坡。

5.6.5 路堑边沟应设置防渗隔断层。采用宽浅边沟时,沟底宜采用"两布一膜"等复合土工膜铺砌防水。

5.6.6 深路堑断面可采用上保下挡的支挡形式。支挡结构形式宜采用钢筋混凝土L形挡土墙或锚杆锚定板挡土墙,如图5.6.6所示。设计时应考虑挡土墙在水平冻胀力作用下的稳定性,并应满足路堑边坡冻土保护措施设置要求,挡土墙基础应埋置于稳定后的人为上限以下0.3~0.5m或落于基岩上。

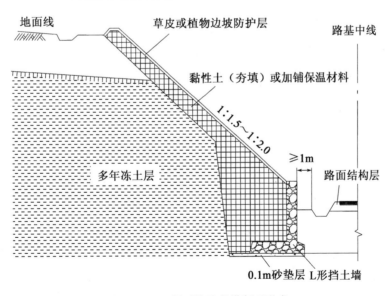

图5.6.6 上保下挡路基横断面形式

5.7 路基防排水设计

5.7.1 路基地表排水设施设计应考虑地表水文条件、地形、冻土类型等因素,宜远离路基坡脚。严禁在路基坡脚附近设置可能造成积水的地表排水设施。

条文说明

公路路基的修建,改变了地表水流的自然状态。当公路工程排水设施不良(如地表排水不畅,排水沟堵塞,沟壁及沟底渗漏等)时,往往造成路堤坡脚或路堑截水沟积水,产生沿基底的横向渗透、路堑边坡渗水及路基土过度潮湿等现象。由于多年冻土地区的降水集中在气温较高的6~9月,水中积蓄了较多的热量,当水渗入和透过路基路面及基底时,因其放热和基底冻土的吸热而产生的热交换作用,促使冻土融化。冬季又因气候严寒,地基土中的水冻结体积膨胀,导致路基产生融沉、冻胀及边坡滑塌等病害。因此,路基地表排水设施应适当远离路基坡脚。

5.7.2 边沟断面形式及尺寸应根据地形地质条件、边坡高度及汇水面积等确定,边沟沟底纵坡宜与路线纵坡保持一致,不宜小于0.3%。土质边沟应采取措施防止由于反复冻融循环和冻胀引起的边沟两侧塌崩和雨水冲刷导致的严重下渗。浆砌片石等刚性边沟应采取措施防止冻胀和不均匀沉降引起的开裂和损毁。垭口路堑和冻胀严重路段,宜采用宽浅的干砌边沟或U形预制拼装边沟,其下应设置20cm厚的砂砾层,并在砂砾层中增设"两布一膜"复合土工膜。

5.7.3 路基地表排水沟宜采用宽浅形式,以减少对多年冻土的热干扰,也可采用梯形断面或三角形断面。排水沟断面尺寸应根据地表径流设计,底宽不宜小于0.6m,深度不宜大于0.4m,边坡坡度宜采用1:1,当为未腐朽及半腐朽的泥炭时宜采用1:0.5~1:1,当为软塑及流塑状的黏性土、含一定数量黏性土的粗粒土时宜采用1:1.5~1:2。

5.7.4 应合理选择排水沟设置位置和坡度,并应与桥涵或天然河沟相沟通,组成有效的排水系统。纵坡过大时宜采用草皮或干砌片石加固;采用干砌片石加固时,其两侧与底部应铺设"两布一膜"防水土工膜,防止排水沟渗漏和冻胀破坏。

5.7.5 当路基地形一侧较高或挖方边坡一侧的山坡汇水面积较大时,宜在路基上方一侧10m以外设置挡水埝。当路基两侧地势相对平坦,路线纵、横坡不大,路线线位相对较低时,可设置连续挡水埝,并使挡水埝与涵洞和排水沟相顺接,阻止路基以外的地表水靠近并侵蚀损毁冻土路基。挡水埝的顶宽宜不小于1.0m,高度宜不小于0.8m,内侧边坡坡率宜为1:0.5~1:1,外侧宜为1:1.5~1:2。

5.7.6 在土质松散并夹有较多的碎(砾)石的山坡地段,挡水埝易因渗漏而产生基底冻胀、涎流冰、边坡坍(滑)塌等病害时,应加强地表防渗漏(流)和防冲刷处理。对土层松软易渗漏及流速较大可能引起冲刷的地段,可加大挡水埝尺寸并进行铺砌加固。对雨(雪)水易流动的未风化碎砾石坡面,除设置挡水埝外,也可在挡水埝外侧坡面下一定深度增设一层防水土工膜,阻挡坡面层间水向路基下汇集和渗透。

5.8 挡土墙设计

5.8.1 位于横坡陡于1:5的斜坡上的路基,路基边坡过高或与公(道)路、输油管、光缆等建筑物相互干扰的路基,可设置支挡结构物收缩坡脚,并应符合以下规定:

1 挡土墙类型选择应综合考虑工程地质、水文地质、冲刷深度、荷载作用、环境和施工条件以及工程造价等因素,宜采用预制拼装工艺施工的轻型、柔性结构,不宜采用重力式浆砌片石挡土墙。

2 多年冻土地区挡土墙设计应注重基础埋设的条件和设计荷载的计算。勘察阶段应对挡土墙地基基础进行综合地质勘察,查明地基地质条件和地基承载能力;设计阶段应分析预测挡土墙对冻土环境产生的影响,确定必要的冻土环境保护方案和植被恢复措施;施工阶段应采用合理的施工方法,减少对冻土环境和相邻路基段的不利影响。其他内容可参考现行《公路路基设计规范》(JTG D30)的有关规定。

3 当需要减少水平冻胀力时,可采用柔性结构挡土墙,或采取墙背设渗水土、保温材料隔热层,并在最下一排泄水孔下设黏性土或复合土工膜隔水层。

5.8.2 挡土墙扩大基础宜采用混凝土拼装基础或桩基础,扩大基础埋设深度应不小于工点处多年冻土天然上限的1.3倍。扩大基础埋置于高含冰量冻土中时,基础底面下应铺设0.50m厚砂石垫层,垫层应宽出基础底面各边0.5m。在高含冰量冻土中,不宜采用现浇混凝土基础。在低温冻土中采用灌注桩时,宜采用低温早强混凝土。

5.8.3 挡土墙的设计荷载除计算土压力外,还应考虑作用在基础上的冻胀力和墙背上的水平冻胀力。水平冻胀力与土压力应按寒季和暖季分别进行计算,水平冻胀力和土压力不应叠加。其计算应符合以下规定:

1 作用于墙背的主动土压力作用范围应根据多年冻土人为上限位置确定。当墙背融土足够厚,破裂面可在融土内形成时,可按库仑理论计算;当墙背融土较薄,破裂面不能在融土内形成时,应结合多年冻土人为上限计算破裂面,取冻融界面上的内摩擦角和黏聚力计算土压力,当冻融界面确定困难时,也可按库仑理论计算。

2 冻融界面上的内摩擦角和黏聚力应由试验确定。无试验资料时,可参考表5.8.3取值。

表5.8.3 土冻融交界面抗剪强度指标 c、φ 的设计参考值

土 的 类 型	内摩擦角 φ(°)	黏聚力 c(kPa)
细颗粒土	10~15	10~15
砂类土	15~20	—
碎、砾石土	20	—

5.8.4 刚性挡土墙稳定性计算应符合以下规定:

1 在墙背水平冻胀力及主动土压力作用下仅能发生整体平移或转动时,墙身的挠曲变形可忽略不计。

2 当无冻胀力作用时,挡土墙稳定性验算应采用土压力作为主要荷载。

3 当墙背无水平冻胀力时,挡土墙的自重 W 可按式(5.8.4-1)计算。

$$W = \frac{1}{2}(a+b)(H+L)\gamma \tag{5.8.4-1}$$

式中:a——挡土墙顶宽;
b——挡土墙基础宽;
L——挡土墙埋深;
H——挡土墙地面以上部分的高度;
γ——挡土墙重度。

主动土压力 E_0 可按式(5.8.4-2)根据库仑理论计算。

$$E_0 = \frac{1}{2}\gamma_d (H+L)^2 \lambda_a$$

$$\lambda_a = \frac{\cos^2(\varphi-\theta)}{\cos^2\theta\cos(\theta+\delta)\left[1+\sqrt{\frac{\sin(\varphi+\delta)\sin(\varphi-\alpha)}{\cos(\theta+\delta)\cos(\theta+\alpha)}}\right]^2} \tag{5.8.4-2}$$

式中:γ_d——填土的重度;
φ——填土的内摩擦角;
θ——墙背和竖直线间的夹角,以竖直线为基准,逆时针为正;
α——填土与水平面间的夹角,水平面以上为正;
δ——墙背与填土之间的摩擦角,其值一般取为 $\left(\frac{1}{3} \sim \frac{2}{3}\right)\varphi$。

挡土墙稳定力矩 M_q 可按式(5.8.4-3)计算。

$$M_q = \gamma(H+L)\frac{2b^2+2ab-a^2}{6} \tag{5.8.4-3}$$

挡土墙绕墙体前趾倾覆力矩 M_a 可按式(5.8.4-4)计算。

$$M_a = \frac{1}{3}(H+L)E_a \tag{5.8.4-4}$$

挡土墙抗倾覆安全系数 K_q 可按式(5.8.4-5)计算。

$$K_q = \frac{M_a}{M_q} = \frac{2E_a}{\gamma(2b^2+2ab-a^2)} \tag{5.8.4-5}$$

墙背土压力沿墙高的分布可按式(5.8.4-6)计算。

$$P_z = \frac{dE_a}{dz} = \frac{d}{dz}\left[\frac{1}{2}\gamma_d\frac{(H+L)^2}{Z}\lambda_a\right] = \gamma_d\frac{H+L}{Z}\lambda_a \tag{5.8.4-6}$$

4 当墙背有水平冻胀力时,土压力可忽略不计。当作用在挡土墙纵断面上的最大水平冻胀力为 f,水平冻胀力呈三角形分布时,挡土墙绕墙体前趾的倾覆力矩 M_a 可按式(5.8.4-7)计算。

$$M_a = \frac{1}{3}(H+L)f \quad (5.8.4\text{-}7)$$

稳定力矩 M_q 可按式(5.8.4-8)计算。

$$M_q = \gamma(H+L)\frac{2b^2+2ab-a^2}{6} \quad (5.8.4\text{-}8)$$

倾覆安全系数 K_q 可按式(5.8.4-9)计算。

$$K_q = \frac{M_a}{M_q} = \frac{2(L+H)f}{\gamma(H+L)(2b^2+2ab-a^2)} \quad (5.8.4\text{-}9)$$

5.9 过渡段设计

5.9.1 融区与多年冻土地区过渡段路基设计应遵循既防治冻胀也防治融沉的原则,按多年冻土段的要求设计。融区(季节冻土区)路基设计应以防治冻胀为主,在多年冻土地区应以防治融沉为主;融区与多年冻土地区过渡段路基填土高度不宜小于1.5m,路堤底部宜设置毛细水隔断层,当公路沿线石料丰富时,路基结构可采用片块石路基。

5.9.2 高含冰量冻土不同地温过渡段的低温段应按相对高地温段要求设计。高含冰量冻土与少冰、多冰冻土过渡段,应分别按高含冰量冻土的要求设计。

5.9.3 填挖过渡段路基纵向过渡段设计中,挖方段应进行基底换填,换填厚度可参考式(5.6.3)确定,并应将挖方路段设计方案向填方过渡延伸,在填方段路基中宜设置隔热层。填方段换填基底除应与挖方地段换填基底顺接外,还应设置沿路线纵向的排水坡,向路堤填方方向排水。

5.9.4 当地表横坡大于1:3时,路基基底应开挖台阶,台阶纵断面方向长度应不小于200cm,横断面方向应不小于100cm,台阶高度应不小于30cm,并设置2%向内倾斜的横坡。路基实际填土高度应满足填方路段路基设计高度的要求,当不满足时,可在路面结构层下合适位置设置隔热层,其厚度不宜小于6cm。

5.9.5 路基与桥(涵)过渡段路基设计长度不宜小于20m,且不宜大于50m,应合理设置路基强度过渡段且避免大面积开挖对多年冻土的破坏。路基高度应不小于当地路堤设计高度;当小于路堤设计高度时,应回填保温隔热性能良好的填料或设置隔热层。

条文说明

因路基与桥(涵)刚度差异,导致路桥(涵)过渡点易出现不均匀沉降,因此在路桥(涵)之间设置一定长度的过渡段,使桥(涵)之间的刚度逐渐变化,防止或避免桥头跳车现象。路桥(涵)过渡段路基设计长度不宜大于50m,是为避免大面积开挖对多年冻土的破坏。

5.9.6 桥(涵)背应设置厚度不小于6cm的隔热层,过渡段路基宜采用弱冻胀与弱融沉性的砂砾类土或渗水性较好的材料回填,粒料粉黏粒的含量应不大于5%。过渡段的路基填料、压实度和沉降量等尚应符合其他规范的相关规定。

5.10 取、弃土场设计

5.10.1 取土场宜分段集中设置于路基坡脚以外至少200m处。不宜在富冰冻土、饱冰冻土、含土冰层地带及植被发育良好地段设置取土场。

5.10.2 在融沉和强融沉多年冻土地带,取土场的最大取土深度宜控制在多年冻土天然上限的1/2~2/3以内。

5.10.3 取土场宜根据地形、地质和地表排水条件等合理选择设置位置,并应符合以下规定:
1 取土场宜选择植被稀疏的低含冰量地段或独立丘陵、山包等荒地;不宜在农牧场、泥石流易发区设置取土场。
2 斜坡设置取土场且路堤也位于斜坡上时,取土场宜设置在路堤上侧山坡,取土场距离坡脚宜大于200m。
3 取土、取料宜分析论证诱发风蚀、崩塌、滑坡和泥石流的可能性。
4 河道取砂砾料应遵循河道管理的有关规定。

5.10.4 弃土场宜选择储量大的地形低洼地,并应符合以下规定:
1 弃土场宜选择在不易受水流冲刷的荒沟、荒地、低产田地设置,不宜设置在林草地、基本农田,以及泥石流沟、冲沟上游。
2 弃土场应不影响河流、沟谷、排灌沟渠的行洪与灌溉功能,不得影响周边公共设施、工业企业、居民点等的安全。
3 路堑外侧设置弃土场时,弃土场宜设置在路堑段山坡下侧低处100m以外,不宜在路堑顶部或路堑段山坡上侧设置弃土场。

6 特殊结构路基设计

6.1 一般规定

6.1.1 多年冻土地区路基,当按一般路基设计原则确定的高度过高时,或一般填土路基不能满足保护冻土要求时,应按特殊结构的路基进行设计。特殊结构路基的各种措施应结合路基高度、气候条件、地温状况、冻土环境及经济性能综合比选确定。

6.1.2 低温区路基应按保护多年冻土的设计原则进行设计,经计算路基合理高度大于3.5m时,应采用隔热层路基降低路基高度;在高温高含冰多年冻土区段采用控制融化速率、综合治理的设计原则时,宜采用片块石路基、通风管路基、热棒路基等特殊结构路基,病害特别严重路段宜采用热棒—隔热层组合路基。

条文说明

低温多年冻土地区冻土路基相对比较稳定,采用填土路基、隔热板路基等被动保护多年冻土的工程措施是比较经济合理的;高温多年冻土地区冻土路基不稳定,仅采用被动保护冻土的工程措施已不能满足工程要求,需要采用片块石路基、通风管路基、热棒路基等主动降温的工程措施。

6.2 隔热层路基

6.2.1 隔热层路基可用于低温多年冻土路段,可参照图6.2.1设计。在下列情况下宜使用隔热层路基:

1 受路线纵坡控制,路基高度小于路基临界高度或路基设计高度大于3.5m的路段;

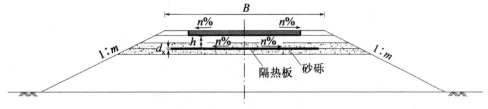

图 6.2.1 隔热层路基设计示意图

    2 路堑处或翻越垭口处,需要进行保护下伏多年冻土的路段;
    3 融化盘偏移导致不均匀沉降和引发路基病害的路段。

条文说明

    隔热层路基是利用工业隔热材料,在不过多加高路堤的情况下,增大路基热阻、减少大气(太阳)热量传入路基下的一种路基结构形式,可在一定时间内(如设计年限内)起到保护冻土延缓冻土退化的作用。

6.2.2 隔热材料宜采用挤塑聚苯乙烯泡沫(XPS),其导热系数宜小于0.025W/(m·K),吸水率宜小于0.5%,密度宜大于43kg/m³,抗压强度宜大于580kPa。

条文说明

    针对隔热层常用的聚苯乙烯泡沫材料(EPS)和挤塑聚苯乙烯泡沫材料(XPS),在反复冻融作用下和不同的荷载作用下的导热系数、吸水率和强度开展了室内试验。测试结果表明,EPS板的导热系数比XPS板大,EPS板的体积吸水率是XPS板的6倍还多,EPS板的抗压强度几乎只有XPS板的一半(表6-1)。因此,本细则推荐采用XPS板作为隔热层材料。

表6-1 EPS板、XPS板两种隔热材料冻融循环后的物性测试结果

材料类型	循环次数	导热系数 [W/(m·K)]	体积吸水率 (%)	抗压强度 (kPa)
EPS板	5	0.0253	2.6	347
	10	0.0249	2.5	335
	20	0.0253	2.8	352
	30	0.0242	2.5	326
	平均	0.0249	2.6	340
XPS板	5	0.022	0.422	646
	10	0.023	0.362	637
	20	0.021	0.39	628
	30	0.019	0.38	633
	平均	0.021	0.389	636

6.2.3 隔热板的厚度可按式(6.2.3)确定。

$$d_x = \frac{d_s \lambda_e}{\lambda_s} \quad (6.2.3)$$

式中:d_x、d_s——隔热板与等效土体的厚度;
       λ_e、λ_s——隔热板与等效土体的导热系数。

6.2.4 隔热板埋设深度可按式(6.2.4)确定。

$$\frac{2pd}{d + 2h_0 \tan\phi} + h\gamma \leq \sigma \quad (6.2.4)$$

式中：p——轮胎压强(MPa)；

d——单轮传压面当量圆直径(m)；

γ——隔热板以上各结构层重度加权平均值(MN/m³)；

ϕ——隔热板以上各结构层应力扩散角加权平均值(°)；

h_0——隔热板合理埋深(m)；

σ——隔热板板材容许压应力(MPa)。

6.2.5 隔热板宽度应大于路面宽，宜在路面两侧各加宽0.6m；隔热板应与路基采用相同的横坡；隔热板上下宜采用砂砾填筑，厚度应不小于0.2m。

6.2.6 隔热板上结构层最小压实厚度与压路机最大接触应力及隔热层材料容许压应力的关系应符合式(6.2.6-1)的规定。压路机的最大接触应力与结构层极限强度 σ_p 应符合式(6.2.6-2)的规定，不同结构层极限强度可按表6.2.6确定。

$$\frac{\sigma_{max} d}{d + 2h_s \tan\phi} + h_s \gamma \leq \sigma \quad (6.2.6-1)$$

$$\sigma_{max} = (0.8 \sim 0.9)\sigma_p \quad (6.2.6-2)$$

式中：σ_{max}——压路机最大接触应力(MPa)；

h_s——隔热板上结构层最小压实厚度(m)；

σ_p——隔热板上结构层极限强度(MPa)。

表6.2.6 结构层极限强度取值

结构层类型	极限强度 σ_p (MPa)	结构层类型	极限强度 σ_p (MPa)
砂土路基	0.3~0.6	碎石路基	3.8~5.5
亚黏土路基	0.6~1.0	砾石路基	3.0~3.8
黏土路基	1.0~1.5	水泥稳定土	5.0~6.3

条文说明

目前使用的隔热材料其强度还不能满足车辆荷载直接作用其上，其上结构层太薄隔热板容易被压坏，太厚又不能满足压实要求。根据结构层在被压实过程中传递到隔热层上的压应力小于隔热板的容许压应力，即控制压路机接触应力和结构层自重应力叠加后不大于隔热板容许压应力，隔热材料不致被压坏变形的要求，隔热板上进行压实时必须有一个最小结构层厚度，既满足压实要求又不致隔热板被压坏。

要想得到高质量的压实效果，就必须有一定的接触应力，而隔热板的容许应力又是有限的，因此，必须以这两个条件来控制，才能既使结构层被压密实，又保证隔热层密度不致增加、变薄而降低隔热效果。

根据前期研究成果,压路机的接触应力与结构层极限强度的关系为 $\sigma_{max} = (0.8 \sim 0.9)\sigma_p$ 时,能得到最好的压实效果。

6.3 片块石路基

6.3.1 片块石路基可用于高温冻土区地下泉水发育或地表径流较发育的区段,也可用于治理高含冰量区段融化夹层发育所引发的路基病害,可参照图6.3.1进行设计。

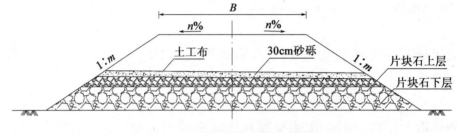

图6.3.1 片块石路基设计示意图

6.3.2 片块石应采用坚硬或较坚硬岩石,粒径宜控制在10～25cm范围内,石料强度不应低于30MPa。

6.3.3 片块石层的铺筑厚度宜为1.0～1.5m,分两层铺筑:下层0.8～1.0m,宜采用规格不小于20cm的片块石;上层0.2～0.5m,宜采用规格10～15cm的片块石。

条文说明

片、块石层中自然对流是利用温度场的不均匀性,从而引起密度的不均匀性并在重力作用下产生浮力而引起的,没有温度差就意味着没有热交换,就没有流体的流动。因此,片块石厚度、规格在满足力学要求的前提下,还需要满足导热、强制对流换热和自然对流换热等要求,在总结工程经验和试验研究的基础上,提出了条文要求。

6.3.4 片块石层的铺筑层位应根路基高度、路面结构层厚度等合理确定,顶面宜位于路床顶面以下30～50cm。

条文说明

从强化自然对流传热机制的角度考虑,片块石层在路堤中铺设的位置应当在满足力学要求的前提下,尽量靠路基体的上部,以减少上覆土层的厚度;但从冷量向地基传输的效率考虑,应靠近路基体的下部。因此,要求在具体设计当中应综合考虑两方面的因素,将片块石层布设在路基体的最佳位置。

6.3.5 片块石层底部宜铺设砂砾层等辅助防护结构;片块石顶部宜铺设土工布及砂砾层,砂砾层的厚度宜为30cm。

6.4 通风管路基

6.4.1 通风管路基可用于路基高度大于2m的高温高含冰量多年冻土路段。

条文说明

通风管路基工作机理是:在寒冷季节冷空气由于具有较大的密度,在自重和风的作用下将管中的热空气挤出,并不断将周围土体中的热量带走,达到保护地基土冻结状态的目的。

6.4.2 通风管宜采用钢筋混凝土预制管。通风管内径应不小于路基高度的1/8,宜采用0.3~0.4m;配筋和管壁厚度应根据力学计算确定,壁厚宜采用5~8cm;管径与通风管长度的比值应大于0.01。

6.4.3 通风管间距应小于冷却半径R和两倍通风管外径。冷却半径R可按式(6.4.3)确定。

$$R = k \cdot (D/D_0) \cdot a \tag{6.4.3}$$

式中:D——通风管外径;
$D_0 = 1.2\text{m}; k = 3.0 \sim 4.5\text{m}; a = 0.3 \sim 0.5$。

6.4.4 通风管埋设深度应根据当地主导风向与风速、地表径流、风沙及积雪等自然因素综合确定。通风管的埋深宜为3~5倍管径,宜布设在路床顶面以下距地表0.5~0.7m的范围内,底部应设置不小于30cm的中粗砂垫层,通风管伸出路堤边坡长度应大于30cm,如图6.4.4所示。

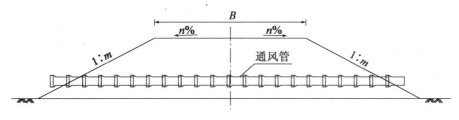

图6.4.4 通风管路基设计示意图

6.5 热棒路基

6.5.1 新建路段,热棒路基可用于极高温多年冻土区或冻土退化区,并宜沿路基两侧埋置;改建路段,热棒路基可用于治理由于融化盘偏移所引起的路基不均匀沉陷、纵向裂缝等病害。

条文说明

热棒是一种单向传热的元件,当下部环境温度高于上部环境温度时,热棒下部(蒸发段)的管内工质受热后蒸发变为蒸气向上升,当蒸气升入上部空间(热棒冷凝段)后受管外冷风的冷却,冷凝成液体,在重力作用下回到下部空间,通过工质循环的蒸发、冷凝过程将下部环境的热量源源不断地送到上部环境,使下部环境的温度不断下降。因此热棒是一种很好的单向制冷元件,可以把外部的冷量直接传送到地下深处,起到稳定降低地温的作用。

6.5.2 热棒的形状可按图6.5.2分为Ⅰ型和Ⅱ型(L型),应根据热棒的工质、管壳、冷凝器等参数选择适用的热棒。工质宜采用液氨,管壳宜采用碳钢或不锈钢,使用寿命不宜小于30年。热棒的规格和尺寸应根据冻土路基的使用要求和冻土地质条件通过热工计算确定。

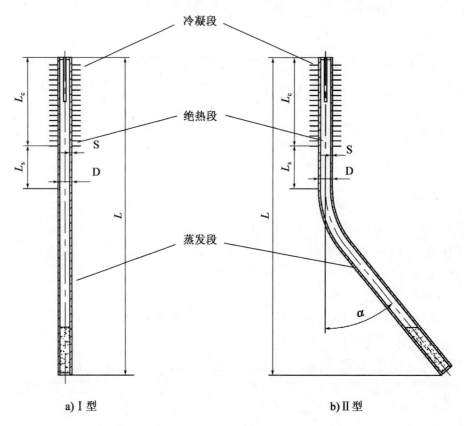

图 6.5.2 热棒形状

D-基管外径(mm);L_c-冷凝段长度(m);L_s-绝热段长度(m);L-热棒高度(m);S-基管公称壁厚(mm);α-弯曲角(°)

6.5.3 热棒的埋设深度应根据被处治路基的多年冻土人为上限深度确定,宜为上限以下 1.0~2.5m。

6.5.4 热棒的有效作用半径应根据当地气候条件、冻土地温土体的导热系数等,通过数值模拟分析和试验工程确定。

6.5.5 热棒的间距应根据热棒的有效作用半径确定,宜为有效作用半径的 1.5~2.5 倍;热棒的设置可采用单棒竖置、单棒斜置(图 6.5.5)、双棒竖置和双棒斜置等方式,可参考以下原则确定:
    1 在不损失热棒制冷效果的前提下热棒宜斜置,斜置角度宜为 75°。
    2 在极高温冻土区及冻土退化区应埋置双向热棒,并保持适当的路基填土高度。
    3 在中高温冻土区,当人为上限较大时,可采用双向热棒冷却路基;当融化盘因阴阳坡的影响而偏移时,可在阳坡设置单向热棒。

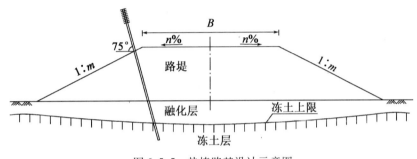

图 6.5.5 热棒路基设计示意图

6.5.6 当热棒工程措施不能完全处理路基病害或路基高度大于 3.5m 时,宜采用热棒—隔热层组合路基。

条文说明

    单一特殊结构路基在具体使用时,大多都具有较强的时效性,或在暖季工作,或在冷季工作。隔热层路基暖季能明显减少路基下伏土体吸热,而冷季却不利于外界冷量传入路基体,对路基体散热有不利影响。热棒路基,冷季可因地温比气温高,在满足启动温差条件时发生对流换热作用,有利于路基体降温;而在暖季时,外界气温比地温高,工质气体充满热棒上端,热棒基本不发挥作用。因此,热棒—隔热层组合路基,能将隔热层有较大热阻减少路基体暖季吸热与热棒冷季对流换热主动冷却路基各自积极的因素进行综合利用。

7 沥青路面设计

7.1 一般规定

7.1.1 沥青路面设计应考虑多年冻土地区气温低、降温速率快、昼夜温差大、日照强烈、紫外线辐射强、冻土路基不均匀融沉变形等特殊使用条件,以及有效施工期短、施工温度低、养生条件有限等特殊施工条件。

7.1.2 沥青路面设计应收集沿线气温、冻结深度、冻土类型等气候、地质资料,调查交通量、交通组成、轴载谱等交通资料,掌握沿线路基冻融特点,预测冻土路基变形,进行路基路面综合设计。

条文说明

  多年冻土地区路基冻融和变形的特殊性,使得路基对路面的使用性能影响远大于一般地区,因此应重视路基路面综合设计。

7.1.3 沥青路面结构设计中应考虑行车荷载的作用,以及多年冻土地区路基路面的相互作用,采取有效措施,合理选择路面结构与材料,优化路面结构层,减小冻土路基融沉变形下路面结构附加应力,降低路面吸热对路基温度状况的影响。

7.1.4 沥青路面材料设计应对路面材料的抗低温特性、抗剪切变形能力、抗冻能力等提出要求。

7.1.5 在满足交通荷载、温度、冻土路基不均匀融沉变形等要求的前提下,应遵循因地制宜、合理选材、节约投资的原则,选择技术先进、经济合理、安全可靠、方便施工的路面结构方案。

7.1.6 新建二级公路沥青路面设计年限可为10年,改建可为6～10年。三级公路沥青路面设计年限宜为6～8年。

条文说明

青藏公路实践表明:多年冻土地区特殊的施工与使用条件对沥青路面使用性能与使用寿命有显著影响,沥青路面实际使用年限比一般地区短,在6~10年之间。因此,多年冻土地区沥青路面设计年限可根据公路等级、交通量情况,较一般地区适当减少。

7.2 结构组合设计

7.2.1 路面结构应有足够的强度和稳定性,各结构层的刚度和强度应满足各结构层本身的结构特性,与应力应变分布特性相适应。

7.2.2 面层、基层的结构类型及厚度应与公路等级、交通等级及组成相适应。

7.2.3 表面层宜采用对辐射热反射能力强的材料,主动降低沥青路面吸热性能;路面结构组合设计中宜采用导热系数小、隔热性能好的结构层,减少热量向下传递,主动改善路面温度状况;应合理设置隔热层,改善多年冻土地区沥青路面结构的水温状况,提高路面结构抵抗路基不均匀融沉变形的能力和抗反射裂缝能力。

条文说明

青藏公路研究表明:沥青路面吸热直接影响路基与冻土地基的温度,导致冻土上限下移,易在路基顶面产生较大不均匀沉降变形。通过青藏公路铺筑水泥混凝土路面和设置级配碎石层的沥青路面研究得出,采用辐射热反射能力强、吸热量小的表面层材料,设置导热系数小、隔热性能好的路面结构层,可以减小沥青路面吸热量及其向下传递的热量,因此提出条文要求。

7.2.4 应充分利用当地的筑路材料,同时考虑特殊自然条件对路面材料的不利影响。

7.2.5 路面结构总厚度应满足防冻层厚度的要求。

7.3 沥青面层

7.3.1 路面面层应提供平整密实、抗滑耐磨、稳定耐久的服务功能,具有良好的抵抗低温开裂、抗剪切、抗冻、抗疲劳的性能,具有良好的抗车辙、抗紫外线老化能力和低吸热性能。

7.3.2 沥青技术要求应重点强调抗低温和老化性能。表面层和中面层宜采用SBR或

SBS 改性沥青,下面层宜采用 A 级道路石油沥青。

7.3.3 面层混合料宜采用骨架—密实结构。集料级配组成应根据混合料路用性能,通过配合比设计试验确定。

7.3.4 混合料沥青用量宜在室内试验确定的最佳沥青用量基础上增加 0.5~0.8 个百分点,以提高面层沥青混合料的耐低温和抗冻特性。

7.3.5 上面层沥青混凝土可采取掺加纤维材料等措施,提高沥青面层的低温抗裂性能。

7.4 基层、底基层

7.4.1 沥青路面基层应具有足够的强度、冰冻稳定性和抗冲刷能力,良好的应力扩散功能、抗裂性能和抗路基不均匀融沉变形能力。

7.4.2 基层可采用无机结合料稳定类、沥青稳定类、粒料类等材料。

7.4.3 用于多年冻土地区基层的水泥稳定粒料,标准养生 7d 无侧限抗压强度,应大于现行《公路路面基层施工技术规范》(JTJ 034)提出的抗压强度标准的高限值;模拟实际温度条件保湿养生的 7d 无侧限抗压强度,应达到现行《公路路面基层施工技术规范》(JTJ 034)抗压强度的低限值。

条文说明

根据青藏公路水泥稳定砂砾强度形成研究成果,温度对混合料强度形成有显著影响,模拟野外实际温度条件养生试件的抗压强度小于室内标准养生试件,且混合料设计强度越低,强度减小越多。因此,要求通过提高混合料抗压强度设计要求,降低特殊使用条件下抗压强度的减小幅度,保证混合料具有足够的承载能力。

7.4.4 底基层应具有良好的抗路基不均匀融沉变形能力、良好的水稳定性和冰冻稳定性,可采用低剂量无机结合料稳定类材料或粒料类材料。

7.4.5 半刚性材料应进行抗冻耐久性评价。冻融试验应模拟实际使用中的最不利湿度状况,以 10 次冻融循环耐冻系数作为评价指标。

7.4.6 半刚性基层混合料配合比设计宜采用温缩抗裂指数 I_t 和干缩抗裂指数 I_d 控制混合料抗裂性能,温缩和干缩抗裂指数均应小于 1。温缩抗裂指数、干缩抗裂指数可分别按式(7.4.6-1)和式(7.4.6-2)确定。

$$I_t = \Delta T_m / [T] \tag{7.4.6-1}$$

式中：ΔT_m——基层材料在最不利情况下的最大温度变化范围(℃)；

[T]——温缩抗裂系数(℃)，其意义为：

$$[T] = \varepsilon_m / \bar{\alpha}_t \tag{7.4.6-2}$$

ε_m——材料的极限拉应变($\mu\varepsilon$)，通过材料的轴向拉伸试验获得；

$\bar{\alpha}_t$——最不利情况下对应于ΔT_m的平均温缩系数($\mu\varepsilon$/℃)，最不利温度范围应根据工程实际温度变化确定。

$$I_d = \Delta W_m / [W] \tag{7.4.6-3}$$

式中：ΔW_m——基层材料在最不利情况下含水率的最大变化幅度(%)；

[W]——干缩抗裂系数(%)，其意义为：

$$[W] = \varepsilon_m / \bar{\alpha}_d \tag{7.4.6-4}$$

ε_m——材料的极限拉应变($\mu\varepsilon$)；

$\bar{\alpha}_d$——最不利情况下对应于ΔW_m的平均干缩系数($\mu\varepsilon$/%)，最不利阶段的混合料含水率大约在最佳含水率到半风干含水率之间。

条文说明

多年冻土地区半刚性基层材料干燥收缩主要发生于初期(1~3d)，干燥收缩最不利阶段的混合料含水率大约在最佳含水率到半风干含水率之间。

7.4.7 用于多年冻土地区路面基层或过渡层的沥青碎石，应具有较高的力学强度和稳定性、良好的低温抗裂性能和抗冻性。

7.4.8 沥青碎石混合料配合比应采用大型马歇尔试验方法确定，试验条件宜为45℃水浴中浸泡50min，混合料空隙率宜为3%~5%。所用沥青25℃针入度宜为120~160(0.1mm)。

条文说明

多年冻土地区沥青碎石混合料配合比设计采用大型马歇尔试验方法，采用针入度指数较大的沥青，目的是减轻温度应力的影响，减少低温断裂的可能。

7.5 垫层

7.5.1 多年冻土地区沥青路面必须设置垫层。

条文说明

设置砂砾垫层可以减小冻土路基不均匀融沉变形及其引起的路面结构附加应力,减轻路面吸热对路基温度状况的影响。

7.5.2 垫层应具有良好的抗冻性、水稳定性、排(隔)水能力和隔温性能。

7.5.3 垫层材料宜采用粒料。当粒料类材料缺乏时,也可采用无机结合料稳定类材料。

7.5.4 垫层厚度宜大于20cm,并应满足路面最小防冻厚度要求。

8 桥涵设计

8.1 一般规定

8.1.1 桥涵工程设计应根据桥涵址多年冻土的工程地质特征,选择合理的桥跨方案、桥涵结构类型。对于多年冻土地区常流水的河沟,宜采用桥梁跨越。

条文说明

在多年冻土地区常流水的涵洞均存在着较为严重的工程病害,对横向排水影响较大,且难以根治。因此,对于多年冻土地区常流水的河沟宜以桥梁跨越。

8.1.2 融沉、强融沉或融陷多年冻土地段,桥涵地基宜采用保护冻土的设计原则;不融沉和融化后基础沉降量不超过容许值的弱融沉多年冻土地段,桥涵地基宜采用容许融化的设计原则。

8.1.3 基础设计除应进行地基承载、变形及稳定性计算外,还应根据冻土的工程地质特征,依据现行《公路桥涵地基与基础设计规范》(JTG D63)进行抗冻胀稳定验算。

8.1.4 高含冰量冻土地段的特大桥宜采用钻孔桩基础,必要时可进行基桩荷载试验,检验其承载力。

8.1.5 桥梁墩台基础的埋置深度应满足基底强度、稳定性验算及冻拔力的要求。

8.1.6 桥梁桩基基础宜适当加深,将桩基嵌入多年冻土内一定的深度或穿透冻土层,防止基础产生变形,并应进行冻胀力作用下的稳定性验算。

8.1.7 桥梁设计应选用维修量小、耐久性好、适应变形能力强的结构类型。

8.1.8 涵洞设计应考虑冻胀力对涵洞基础的作用和水热对涵洞地基稳定性的影响,采取相应的工程措施,确保涵洞基础在涵洞工程施工和使用期间处于稳定状态。

8.1.9 位于高含冰量冻土地段的涵洞应根据其径流量大小、径流期长短,采取换填非冻胀性土、埋设工业保温材料、设置挡水板等相应的防融沉、防冻胀措施,必要时宜以桥代涵。

8.2 桥位

8.2.1 过水桥桥位宜绕避多年冻土地段,不能绕避时,宜在低含冰量多年冻土段通过。

8.2.2 桥梁涵洞宜结合天然沟渠单独设置,不宜采用截水导流工程合并设置桥涵。对径流明显的地区,桥涵工程宜顺水流方向设置,不得改变水流方向。

8.2.3 山前区变迁性河流地段,应设置与桥梁连接的导流工程。

8.2.4 对于存在冰锥、冻胀丘、流冰、融冻泥流及上限较深的高含冰量冻土等现象的桥梁,桥梁孔径及桥下净空除应满足正常水文要求外,还应加大跨径和桥下净空。

8.3 桥梁上部结构

8.3.1 桥梁结构形式宜采用简支梁(板)结构,桥梁上部宜采用预制成型构件,并根据需要设置变形缝或伸缩缝。

8.3.2 桥梁支座应保证能够在恶劣的环境条件下按设计要求传递上部结构荷载,适应上部结构变形。不宜采用橡胶支座。

8.3.3 桥梁上部结构的混凝土强度等级不宜低于 C30。

8.3.4 桥梁护栏杆宜采用钢筋混土墙式护栏。

8.4 桥梁基础

8.4.1 桥梁基础宜选用桩基础,工程地质简单、持力层良好的中小桥涵也可采用明挖浅基础。易发生冻胀隆起、融化下沉等地段不宜采用明挖浅基础。

8.4.2 按照保护冻土原则设计的明挖基础,基底宜铺设厚度不小于 0.3m 的粗颗粒土垫层,并分层夯实。必要时可在基底设置隔热保温层,并进行防冻胀处理。

8.4.3 不衔接多年冻土地段,可将明挖基础埋置于季节冻结层中。当季节冻结层为冻胀土时,基础应置于冻结线以下不小于0.25m处;对于不冻胀或弱冻胀土,不宜小于冻结深度的80%。

8.4.4 钻孔灌注桩适用于各类地温分区及各种岩性的冻土基础;钻孔打入桩、钻孔插入桩适用于年平均地温低于-1.0℃的多年冻土地基。

8.4.5 钻孔灌注桩基础设计应结合桥址处的工程地质条件、冻土地温、冻土含冰量等因素综合考虑。当位于高温冻土区时,桩基础设计应考虑冻结和融化两种状态,并留有一定的安全度;低温稳定区冻土宜按冻结状态设计。桩基础设计应进行冻拔力作用下的桩基稳定性验算。

8.4.6 当季节融化层为冻胀土时,桩基承台或系梁底宜高出地面,其值应根据冻胀土的厚度确定,且不宜小于0.3m。流冰严重的河道承台顶面可适当降低。

8.4.7 无冲刷时,桥台锥体坡面铺砌基础的埋置深度应不小于1.25m;当地基的季节融化层为冻胀土时,基础及埋入地面以下的坡面铺砌两侧宜换填粗粒土。

8.4.8 桥台背后及锥体均应填粗粒土,台背后范围填土的压实度应与相邻路基压实度相同。坡面铺砌宜采用砌筑混凝土预制块件,厚度应不小于20cm,并应在坡面上预留泄水孔。

8.4.9 桥址处分布有盐渍化冻土、冻土泥炭层时应采用桩基础。

8.5 桥梁基础及下部抗冻防护

8.5.1 桥梁扩大基础宜采取换填粗粒土或在基础表面涂抹润滑油脂的措施防治冻害。桥梁桩基础宜采取设置钢套管的措施防治冻害,也可采取在季节融化层内嵌入多年冻土层一定深度设置永久护筒,在护筒外涂渣油的措施防治冻害。

8.5.2 冻胀丘分布地带,桥梁承台宜采用高桩承台。在一般冻土地带,宜将承台底面以下换填为粗粒土,或设置工业保温隔层材料缓冲层。

8.5.3 墩台主体结构不宜采用浆砌片石材料。应在冻土上限至流冰面以上0.5m墩身加设护面钢筋或钢护筒,必要时可设置破冰棱。墩台及基础、承台与土接触部位宜设置涂沥青保护层。

8.5.4 基底的季节融化层为冻胀土时,混凝土桥墩台底部宜配置钢筋,并加强承台与桩的连接钢筋,避免土体冻胀导致基础、承台破坏或分离。

8.5.5 桥梁扩大基础和桩基础混凝土均宜采用低温早强混凝土,掺加的外加剂不应对钢筋产生腐蚀。

8.6 涵洞结构设计

8.6.1 涵洞类型的选择应根据涵位冻土特征、上限深度、涵洞地基设计原则、路基填土高度、施工季节、施工条件等因素综合分析确定。

8.6.2 涵洞宜选用能适应一定变形的封闭型结构,可采用钢筋混凝土圆管涵、矩涵、箱涵和盖板涵以及金属波纹管涵等。

条文说明

涵洞选用能适应一定变形的封闭型结构,当涵洞在反复冻融作用下,发生基础不均匀冻胀与融沉,引起结构变形时,不会产生结构破坏和功能失效。

8.6.3 排洪涵洞可按照无压涵洞设计。涵洞宜按原沟床设置,涵底纵坡不宜小于1.5%,沟底不宜下挖或提高,常年径流的涵洞宜加大纵坡。

8.6.4 高含冰量地段,宜采用拼装式金属波纹管涵或钢筋混凝土圆涵、矩涵;低含冰量地段可采用钢筋混凝土圆涵、矩涵、箱涵。金属波纹管涵顶面最小填土厚度不得小于0.6m。

8.6.5 多年冻土地区不宜使用平行设置的双孔涵洞、有压涵洞以及各种类型的浆砌片石涵洞;涌冰特别严重的河道,可采用上下结构的双孔涵洞。

8.6.6 涵洞孔径除应满足排洪及维修的要求外,还应考虑冰塞、冰锥的影响,适当增大。

8.6.7 涵洞应每隔2.0~4.0m设置一道沉降缝,沉降缝材料宜选用改性沥青麻筋;对径流长、径流量大的涵洞,必要时可采用膨胀橡胶等材料;沉降缝应加强防冻、防渗漏措施。

8.7 涵洞基础

8.7.1 涵洞基础选择应与冻土地基类型相适应,与涵洞类型相匹配,减少对多年冻土的扰动与破坏;在浅埋完整基岩或弱风化基岩上,可将基础直接设置于天然岩面上。

8.7.2 强融沉、强冻胀及不良冻土地段,当按容许融化的原则设计可能产生不均匀冻融变形时,应采用钢筋混凝土基础,并采取相应的防冻措施。

8.7.3 强融沉、强冻胀及不良冻土地段,按照保护多年冻土原则设计的涵洞,不宜采用砂石换填。根据施工需要,可在基坑底面铺设碎石垫层,其厚度不宜大于0.3m;当地基为高温冻土时,基底与基坑周围还应进行保温处理。

条文说明

砂石料的导热性能好,用砂石料换填对保护多年冻土不利。但为方便施工,根据工程经验,允许在基坑底面铺设厚度不大于0.3m的碎石垫层。

8.7.4 涵洞基础埋置深度应根据冻土的工程地质特征、涵洞的过水情况、涵洞结构类型、孔径与设计原则等因素确定,涵洞的基础厚度不应小于现行《公路桥涵地基与基础设计规范》(JTG D63)规定的最小厚度。

8.7.5 涵洞基础可根据涵洞轴向的融深变化,分段采用不同的基础埋深,宜按中间段、过渡段、出入口段分段确定基础埋深。设置于高温冻土或含土冰层地基上的涵洞,可采用短桩基础。

8.7.6 按保护多年冻土原则设计涵洞基础时,基础埋置深度可根据涵洞的径流特点按表8.7.6确定。按容许冻土融化原则设计涵洞基础时,基础埋置深度按现行《公路桥涵地基与基础设计规范》(JTG D63)的要求确定。

表8.7.6 涵洞基础埋置深度表

涵洞径流特点	基础埋置深度		
	中间段	过渡段	进出口段
间歇性径流	$0.5h_t \sim 0.6h_t$	$0.7h_t \sim 0.8h_t$	$1.1h_t \sim 1.2h_t$
小径流	$0.7h_t \sim 0.8h_t$	$0.9h_t \sim 1.0h_t$	$1.1h_t \sim 1.2h_t$
径流期长、量大	$1.1h_t \sim 1.2h_t$	$1.3h_t \sim 1.4h_t$	$1.6h_t \sim 1.8h_t$

注:h_t为多年冻土天然上限(m)。

8.7.7 高温高含冰量多年冻土地区,可采取主动冷却涵洞地基的措施,在涵洞基础一定范围内设置热棒,降低冻土温度。

8.7.8 金属波纹管涵基础埋置深度应根据管径和地质条件确定。基础材料宜采用砂砾,厚度宜为管径的 0.5~0.55 倍,最小厚度不应小于 0.6m,最大厚度不宜大于 1.5m;砂砾中含泥量不宜大于 5%,最大粒径不宜超过 50mm,压实度宜为 85%~90%;涵管两侧的填土宜采用含泥量不大于 8% 的粗粒土,压实度应与同一深度的路基填土相同。

8.8 涵洞进出口

8.8.1 涵洞进出口可采用一字墙加锥坡或八字墙等形式。

8.8.2 进出口高差比较大的涵洞,洞口应设置急流槽、跌水井等设施。

8.8.3 涵洞进出口端翼墙应考虑水平冻胀力的影响,宜按挡土墙设计。

8.8.4 金属波纹管涵进出口类型应根据涵位水文地质条件确定,宜选用比路基坡脚宽度长 0.3m 的裸管式洞口。

8.8.5 涵洞进出口的端翼墙基础埋深应与进出口段涵节相同。

8.9 附属工程

8.9.1 高含冰量冻土地段桥涵附属工程应遵循多填少挖的原则。当为冻胀土时,宜采用砌筑块石或混凝土预制构件铺砌,铺砌长度及厚度根据沟槽水流情况确定。附属设施所挖除的沟床与涵洞出入口铺砌段宜设置保温铺砌层。

8.9.2 当桥位上游有冰幔时,宜设置封闭式导流堤。导流堤的设计高度应根据河流冰幔及壅冰的影响确定。

8.9.3 与桥涵相连的防护工程基础可置于季节融化层或多年冻土中,埋深应根据多年冻土地区明挖基础的有关规定确定。当季节性融化层为冻胀土时,应每隔 2~5m 设一道沉降缝。

9 路基施工

9.1 一般规定

9.1.1 路基施工应按设计和实际情况合理选择施工季节。高含冰量冻土地段路堑开挖宜选择在寒季进行,基底和边坡换填及保温层等施工宜在6月底前完成;路堤的填筑宜在暖季进行;高温高含冰量冻土地段高路堤的填筑宜跨年度分两期进行,或者采用控制填料温度、基底覆盖隔热层等方法施工。寒季施工时,应事先备好合适的路基填料,并采取有效的保温措施,防止填料冻结。

9.1.2 路堑施工期间,各道工序应紧密衔接,快速施工,缩短暴露时间,减少对多年冻土地基的热干扰,便于工后多年冻土环境的恢复。

9.1.3 路基土石方宜移挖作填;隧道弃渣和路堑挖方为岩石、少冰冻土、多冰冻土时,待其融化后,符合填料要求的,应用作填筑路基或保温护道。

9.1.4 路基施工前应预先形成临时排水系统,防止施工期间地表水侵害路基,造成病害。

9.1.5 路堑地段、取土场地表的草皮应先行挖取,选址堆放,适时洒水养护,以便恢复地表植被和绿化时利用。

9.1.6 应编制工程实施性施工组织设计。实施性施工组织设计应体现高原和多年冻土的环境特点,遵循机械化快速施工的原则。

9.2 路堤施工

9.2.1 路堤施工应根据冻土环境和现场冻土地质情况,进行相关工艺设计,制定相关调控地温的工程措施预案。

9.2.2 路基填料选择与路基借土应符合以下规定:

1 路基施工的取土场必须按照设计指定的地点设置,不得在路基两侧随意取土,应减少对冻土环境的破坏。取土过程中应定期对取土场内填料的地质特征及工程性质进行检查核对,宜选择不易冻胀的填料。

2 取土坑的位置应根据地形、地质、地表排水条件确定,宜集中取土,并应严格控制取土场的位置和开挖深度,减少对多年冻土的热干扰。

3 在融沉和强融沉多年冻土分布地段,当路基位于倾斜地形时,取土场宜设在路堤上侧山坡,取土场与路堤坡脚间的距离不得小于100m;在地面横坡不明显的平坦地段,可在路堤两侧取土,取土场与路堤坡脚间的距离不得小于200m。含土冰层、厚层地下冰冻土分布地段,不得在路堤两侧取土。

4 取土前应将表面的腐殖土集中、堆积,然后划分取土坑,集中深挖取土。取土完毕后,应整理取土坑,把腐殖土回覆在取土坑上,并种植适宜的耐寒植物。

5 从取土场到施工现场应设专用便道。

9.2.3 地表排水系统应在施工之前实施。在路基主体施工开工前,应先做好临时排水设施,预防雨季地表水对路基坡脚和边坡的浸泡、渗透及冲刷。应加强对边沟、排水沟、截水沟等的养护维修。

9.2.4 填土护道应及时碾压,压实度应达到80%以上。护道材料与路堤填料相同时,应与路堤主体工程同时施工并同时完成。应及时将水冲沟壑修复填平。

条文说明

草皮泥炭护道在路堤主体完成后尽快施工完成有利于保护冻土。

9.2.5 厚层地下冰地段宜寒季施工。

9.3 路堑施工

9.3.1 路堑施工应合理选择施工工艺,采取隔水、排水、换填和设置保护层等措施,保护冻土,防止热融滑塌。路堑边坡开挖宜采用机械化快速施工,宜在寒季开挖。开挖前应先做好永久性排水设施,施工过程中应注意施工场地的排水。

9.3.2 施工前应完成施工组织设计、设立施工标记、修筑施工便道、划定取土地点和运土路线等准备工作,并备齐相应的施工机具、材料和人员。

9.3.3 路堑段路基换填作业以粗粒土为换填材料并采用集中取土时,宜在寒季施工;采用其他填料时,宜在暖季作业。暖季施工应安排在夏初或秋初,并做好防护,宜避开降雨集中、热融作用最活跃的七八月份,避免阳光直接照射。跨年作业应兼顾挖、填的不同要求,宜选择秋末开挖成型,来年暖季回填。

9.3.4 路堑较长路段应分段开挖。开挖可采用爆破松土开挖法,钻孔应选用钻进速度快、功率大、便于搬运的钻机施工,并应符合以下规定:

　　1　爆破松土法可采用深孔爆破或深孔药壶爆破,钻孔应根据少超不欠的原则布置。应加强炸药的防水防冻,宜使用抗冻防水性能好的炸药。宜一次爆破成型。

　　2　较长路堑应分段施工,爆破后的清方应与后段钻孔同时进行。

　　3　开挖应配备马力大、适合冻土开挖要求的松土机。浅路堑可先基底后边坡开挖,深路堑宜先边坡后基底开挖。开挖中应随时做好临时排水系统。

9.3.5 经爆破松动或松土机松动后的松方可采用推土法或装运法清方。地表部分可用的松方应直接运走或横向推置于路堑侧开挖界限30m外。上限以下含土冰层或饱冰冻土,可根据路堑长度,采用纵向一次推出或横向通道分段推出的方法,推弃于路堑外适当地点。推土应由高向低拉槽推送。弃土不得影响回填排淤作业。

9.3.6 横向通道的设置应与路堑开挖的松土作业同时进行,间距宜为100m。长度在200m以下的路堑,宜从两端相向开挖,并在路堑口下方设横向通道。200m以上的长路堑,可分段开挖,在中部设置横向通道。

9.3.7 开挖至换填层位时,应对暴露的冰层作昼盖夜开的简易遮挡防护,减少热融影响。暖季开挖的路堑在清方成型后,应全段尽快一次回填,避免开挖堑面的长时间暴露。

9.3.8 开挖完成后,应及时完成整平作业。整平作业应包括清除刷坡后的余土,清出侧沟,基面与侧沟平台的整平和路堑成型等工作。

9.3.9 路堑边坡保温层铺设草皮泥炭层时,边坡挖除部分应整平,每块草皮泥炭厚度不宜小于0.25m,根部应切平。铺砌时应上下错缝,互相嵌锁。

9.4　隔热层铺设

9.4.1 隔热层材料应按设计要求的控制指标和拼接方式提前订制,保证施工顺利进行及隔热板的隔热效果;每个隔热层单块应采用同批次产品制作;施工前应对拟采用的隔热层材料抽样,进行必要的室内试验检测。

9.4.2 施工时应严格控制隔热层下的路基填筑高程和横坡,按照施工要求进行压实、整平。

9.4.3 隔热层的铺设应在下垫层高程和压实度等达到规范要求后进行,并根据设计拼接方式进行拼接。直线段隔热板材料宜采用搭接方式;曲线段拼接困难时,宜采用直向积累、集中拼缝处理的方法进行铺设。采用同质不规则板材进行现场切割组拼,当相邻板材之间原有的搭接方式被打断时,应采用黏合剂对该处进行胶接。整个区段的铺设应顺滑自然,板材嵌挤紧密,不留空隙。

9.4.4 全区段的铺设应满足幅宽要求,弯道处局部可适当加宽,全区段最小有效宽度应达到设计要求。

9.4.5 隔热层上填料的压实度应满足规范要求。施工机械不得直接碾压隔热板,应按照设计的最小压实厚度进行隔热层上填料摊铺,达到最小压实厚度要求后再用压路机压实。

9.5 片块石路基施工

9.5.1 片块石路基应选择洁净、耐冻、无风化、无水锈和裂纹的石料。石料的粒径应基本一致。

9.5.2 进行片块石路基填筑时,边坡码砌应采用硬质片块石,片块石间严禁用小石块填塞,保证通风空隙。人工进行路基边坡片块石码砌时,码砌高度应与设计高度一致。采用挖掘机配合施工时,应在不影响通风效果的前提下对边坡片块石进行规整修饰,应防止挖掘机将底部填土带起影响通风效果。

9.5.3 片块石的压实应采用重型振动压路机或冲击式压路机,碾压遍数应不少于 6~8 次,碾压的纵向行与行之间重叠应不少于 0.5m,前后相邻区段重叠应不少于 2.0m。片块石层表面应选用合适粒径的小石块进行找平。

9.5.4 压路机的线压力应与片块石的抗压强度极限相匹配,避免使片块石破碎和挤压破坏骨架结构。压路机的单位线载荷可按式(9.5.4)计算。

$$q = G/b \tag{9.5.4}$$

式中:q——单位线载荷(N/cm);

G——振动压路机的钢轮重(N);

b——轮宽(cm)。

条文说明

常用石料的抗压强度极限和允许的线载荷见表9-1。

表 9-1 常用石料的抗压强度极限

石 料 种 类	强度极限(MPa)	允许的压路机单位线载荷(N/cm)
软石料(石灰石、砂岩石)	30~60	600~700
中硬石料(石灰石、砂岩石、粗粒花岗岩)	60~100	700~800
坚硬石料(细粒花岗岩、闪长岩)	100~200	800~1 000
极硬石料(辉绿岩、玄武岩、闪长岩)	200	1 000~1 250

9.5.5 压路机的最大接触应力应与片块石的允许最大接触应力相匹配,不得造成片块石表层破坏和出现裂纹或压实度不够。片块石允许最大接触应力可按表 9.5.5 确定,压路机的最大接触应力可按式(9.5.5)计算。

$$\sigma_{max} = \sqrt{qE_0/R} \quad (9.5.5)$$

式中:σ_{max}——压路机的最大接触应力(MPa);

q——单位线载荷(N/m);

E_0——压实层的变形模量(MPa),见表 9.5.5;

R——碾压轮半径(m)。

表 9.5.5 片块石允许最大接触应力

允许最大接触应力(MPa)		压实层的变形模量 E_0(MPa)	
压实开始	压实结束	压实开始	压实结束
0.4~0.6	2.5~3	30	100

9.5.6 片块石顶部砂砾层摊铺完后应采用压路机进行整平碾压。砂砾层的密实度宜按照中密要求控制,平整度应按照填土路基要求控制。

9.6 通风管安装

9.6.1 通风管尺寸必须符合设计要求,外观应平整光洁,承插口不得开裂或碰撞损伤。

9.6.2 原地面基底处理应本着宁填勿挖的原则,减少对附近原地表的开挖。

9.6.3 通风管应采用反开槽法安设。开挖前路堤应填至通风管顶面设计高程以上不小于 130cm 的位置,压实度应按照路床以下填料要求控制,平整度应按照土质路基要求控制。

9.6.4 沟槽应采用开槽机或按标志桩进行人工开挖,沟槽的宽度和深度应大于通风管外径 3~5cm,并设 4% 人字形横坡,沟底浮土应清理干净。沟槽底面铺设的中粗砂垫层应平整,厚度应满足设计要求。

9.6.5 通风管宜采用人工或小型起重设备安装,也可采用装载机配合人工安装。安装应平顺,不得碰撞接口或碰坏通风管。

9.6.6 通风管两端伸出路堤长度应满足设计要求,两端应取齐,通风管长度误差可在中间管节调整。通风管横坡应为4%人字形横坡。

9.6.7 安装通风管的沟槽可采用中粗砂回填,并用小型压路机或平板夯压实。

9.6.8 管顶路堤填筑应按照设计结构尺寸,进行路堤表面排水横坡、平整度、边坡整修等工作。

9.7 热棒安装

9.7.1 热棒安装前应对临时建筑、运输道路、水源、电源、照明、主要材料、机具及人员等进行合理安排。热棒应外观良好,光滑无毛刺,焊缝平整,翅片不倒折,表面防腐层完好。

9.7.2 热棒临时存放时,必须远离火源;露天存放时,宜进行覆盖,防止阳光直射。

9.7.3 热棒应在路基施工结束、路基两侧边坡平整处理后采用工程钻机安装。钻孔施工应符合以下规定:
1 钻机应采用地锚固定。当地层较复杂,钻孔特别困难,钻机震动较大时,应采用钢绳固定或支架支撑。
2 在易塌孔地层路段宜采用简便易行的护壁方法钻进,防止钻孔坍塌。
3 钻孔宜预留一定倾角,避免钻进时钻头下俯,开孔时可采用导向装置,液压给进加压,应慢速钻进,控制钻孔角度。
4 钻孔完成后应清理钻孔周边0.5m范围内的泥土和杂物,钻孔附近不应有阻碍热棒吊装的施工材料和杂物。

9.7.4 钻孔施工完成后应及时起吊热棒进行安装;不能及时安装时,应采取临时措施保护钻孔。热棒起吊应符合以下规定:
1 利用热棒本身顶部环形槽作为受力点进行起吊时,应根据热棒的长度,采取必要的防护措施,防止设备摇摆;吊车吊臂有效起吊高度应超出热棒长度1m。
2 吊装时严禁压伤或擦伤热棒及其上部的翅片部分。
3 应控制热棒的埋置角度与钻孔的直线夹角为0°,钻孔直线度偏差应小于5mm。

9.7.5 热棒吊装置入孔后,应及时用砂土密实回填,并进行现场清理。

9.8 防护及排水工程

9.8.1 防护及排水工程基坑施工宜在基础所用建筑材料、机具和垫层所用砂砾全部备齐后开始;基坑开挖后,如果发现基础全部或部分埋在纯冰或含土冰层上,应进行特殊处理;基础完工后应立即回填夯实。

9.8.2 应组织力量快速施工,各个工序应全面展开,相互衔接,逐段完成;不得拖延过久,使基坑长期暴露,影响基坑边坡稳定,增加施工困难。

9.8.3 砂砾垫层施工前,应将积雪、融雪水或雨水及基坑内淤泥和松软湿土彻底清除。

9.8.4 挡土墙施工宜避开暖季,采用不间断连续作业的方式。连续施工过程中基坑不得积水。

9.8.5 高含冰量冻土地段挡土墙的施工宜选择在寒季进行,并应精心组织,连续作业,快速施工。基础施工完后,应立即回填,不得积水。

9.8.6 必须暖季施工时,应防止基坑暴露时间过长。基坑开挖完成后的暴露时间不宜超过 15d,挡土墙总施工时间不宜超过 50d。

9.8.7 渗沟宜在春融后至雨季开始以前施工。

10 沥青路面施工

10.1 一般规定

10.1.1 沥青路面施工应考虑多年冻土地区温度低、施工期短、碾压成型困难、养生条件有限等特殊条件的影响。沥青路面面层应在暖季施工。

条文说明

多年冻土地区沥青路面的特殊施工条件主要是：

(1) 施工温度低。多年冻土地区常年低温，即使在路面的可施工季节，气温也较低。如五道梁地区 6～9 月的月平均气温在 0～6℃ 之间，其中气温最高的 7 月日最高气温仅为 11～20℃，且夜间经常出现负温。因此，多年冻土地区路面施工温度明显低于一般地区，满足现行规范规定的施工温度要求较为困难。

(2) 施工期短。多年冻土地区公路的最佳施工时间为每年的 5～9 月，而路面基层与面层的适宜施工时间为 6～9 月。即使在这几个月，多年冻土地区气温仍较低，日温差也较大，夜间往往出现负温，有效施工时间短。同时，多年冻土地区的降水又集中在 7～9 月，且雨雪无常，明显影响路面施工的连续性。因此，多年冻土地区沥青路面的施工期明显短于一般地区。

(3) 碾压成型困难。多年冻土地区气温低，加上多风、风大，热拌沥青混合料施工过程中的温度损失明显快于一般地区，使沥青混合料碾压成型困难。同时，多年冻土地区气候干燥，蒸发率高，使水泥混凝土面层、半刚性基层施工中水分损失比一般地区速度快，且损失量大，对水泥混凝土、无机结合料稳定材料的强度形成有显著影响。

(4) 养生条件有限。在多年冻土地区特殊的自然条件下，水泥混凝土、半刚性材料保温保湿养生难度明显大于一般地区，水分蒸发损失容易引起干缩裂缝，大温差使水泥混凝土板和半刚性板体内产生较大温缩应力，而频繁冻融循环将导致混凝土产生早期损伤。

10.1.2 宜采取提高混合料出料温度、减小拌和机拌和仓出料口与运输车的高差、缩短混合料运输距离、加强运输车辆保温与覆盖、缩短运输车辆在摊铺机前方的待机时间等技术措施，保证沥青混合料摊铺温度。

10.1.3 应采取缩短施工工作段长度、适当增加摊铺层厚度、合理调整碾压速度、保证施工连续性等措施,严格控制混合料有效压实时间,保证沥青路面成型质量。

10.1.4 半刚性基层沥青路面在基层成型并检验合格后,应及时铺筑沥青混合料面层,缩短半刚性基层暴露时间。

10.2 材料技术要求

10.2.1 沥青路面宜选择高标号的道路石油沥青,技术指标应符合表10.2.1-1的规定。上面层和中面层沥青混合料宜采用SBR或SBS改性沥青,技术指标应符合表10.2.1-2的规定。

表10.2.1-1 道路石油沥青技术要求

指　　标			单　位	沥青标号	
				130号	150号
针入度(25℃,100g,5s)			0.1mm	120~140	140~160
针入度指数PI				−1.5~+1.0	
软化点(R&B)		不小于	℃	40	38
延度(5cm/min,15℃)		不小于	cm	100	
蜡含量(蒸馏法)		不大于	%	3.0	
闪点		不小于	℃	230	
溶解度(三氯乙烯)		不小于	%	99.0	
密度(15℃)			g/cm³	实测记录	
TFOT(或RTFOT)后	质量变化	不大于	%	±0.8	
	残留针入度比	不小于	%	50	48
	残留延度(15℃)	不小于	cm	40	

表10.2.1-2 聚合物改性沥青技术要求

指　　标			单　位	沥青标号	
				130号	150号
针入度(25℃,100g,5s)			0.1mm	110~130	130~150
针入度指数PI		不小于		−1.2	
软化点(R&B)		不小于	℃	42	40
延度(5cm/min,5℃)		不小于	cm	100	
闪点		不小于	℃	230	
溶解度(三氯乙烯)		不小于	%	99.0	
密度(15℃)			g/cm³	实测记录	
TFOT(或RTFOT)后	质量变化	不大于	%	±1.0	
	残留针入度比	不小于	%	50	48
	残留延度(5℃)	不小于	cm	70	

10.2.2 水泥稳定类材料可采用具有早强、抗冻功能的外加剂。

条文说明

多年冻土地区的低温和负温条件会明显影响水泥稳定类材料的强度形成,使混合料强度减小,不易形成板体。水泥化学外加剂可以调节水泥的水化过程、水泥的凝结和硬化时间,并与水泥进行综合作用,以满足不同条件下对混合料的工程要求。

10.3 沥青混合料面层施工

10.3.1 面层沥青混合料配合比设计可分为目标配合比设计、生产配合比设计和生产配合比验证三个阶段,沥青混合料技术要求应符合表10.3.1的规定,应采用马歇尔试验方法测定沥青混合料稳定度、流值等指标。

表10.3.1 沥青混合料技术要求

技术指标	单 位	要 求 值
击实次数(双面)	次	75
空隙率	%	1.5~3.0
稳定度	kN	≥7.5
流值	mm	2~4
矿料间隙率	%	14~16
沥青饱和度	%	75~88
45℃车辙试验动稳定度	次/mm	≥1 000
浸水马歇尔试验残留稳定度	%	≥80
-18℃冻融劈裂强度比	%	≥80
冻融循环飞散损失	%	1.0
短期老化后0℃蠕变速率($0.1\sigma_f$)	1/(s·MPa)	1.25×10^{-6}

注:1. 沥青饱和度和矿料间隙率指标采用有效沥青含量计算。
2. 用集料有效密度计算混合料的相对最大理论密度,并以此计算空隙率指标。

条文说明

考虑到低温抗裂性能、耐老化性能、抗冻性能是多年冻土地区沥青混合料的关键路用性能,因此根据多年冻土地区实践经验,调整了部分马歇尔技术指标要求,增加了控制低温抗裂和耐老化的路用性能新指标,以及抗冻性能的检验性指标。

10.3.2 拌和厂冷料斗应采取隔离措施,避免不同规格的冷料混料。

10.3.3 普通沥青混合料摊铺温度应保证在130℃以上,改性沥青混合料摊铺温度应保证在140℃以上。热拌沥青混合料出料温度、储料仓储存温度、运输到现场温度等施工温度应考虑运输、摊铺、碾压过程中的温度变化,参考试验路段试验结果进行控制。

10.3.4 沥青混合料运输车应采取保温措施。车厢四周宜采取包裹棉被等保温措施,混合料顶面宜覆盖双层棉被,并固定四角。有条件时,宜采用保温运输车运输沥青混合料。

10.3.5 沥青混合料拌和、运输、摊铺和碾压工序应合理匹配,保证施工连续性和沥青面层成型质量。沥青混合料摊铺后应立即碾压,减少热量损失。

条文说明

沥青混合料在摊铺后初压前的热量损失极大,而初压后其冷却速率大大降低。因此,多年冻土地区沥青面层施工时,混合料摊铺后应立即碾压。

10.4 半刚性材料基层、底基层

10.4.1 半刚性材料基层、底基层混合料应采用专用厂拌设备,中心站集中拌和,拌和设备应能自动计量各种材料用量。拌和生产能力应与摊铺、碾压设备相匹配。

10.4.2 混合料应严格按照设计配合比充分均匀拌和,保证粒料的最大粒径和级配符合要求。

10.4.3 混合料拌和含水率宜根据多年冻土地区高蒸发率和水分损失情况适当加大。

10.4.4 混合料运输过程中应采取覆盖措施,减少水分损失;应选择适宜的运输路线和行车速度,避免发生混合料离析现象;混合料的运输能力应与拌和生产能力、摊铺生产率相匹配。

10.4.5 混合料宜采用摊铺机摊铺,摊铺能力应与拌和设备的生产能力和运输能力相互协调,避免停机待料,保证施工的连续性。

10.4.6 水泥稳定类混合料摊铺前应洒水湿润下卧层表面。宜采用洒水车进行雾状洒水,以下卧层表面全部湿润、无明水为宜。

条文说明

多年冻土地区气候干燥,蒸发量大,如不洒水湿润,半刚性基层或底基层摊铺前,下卧层表面往往处于干燥状态。模拟湿度养生下的强度形成研究得出,下卧层表面湿度状况对基层强度成型有明显影响,摊铺混合料中的部分水分将被下卧层吸收,参与混合料强度形成的水分减少,导致下部混合料的强度降低。

通过修筑试验路段对各种洒水方案进行对比,洒水车雾状洒水湿润的均匀性好,因此推荐采用洒水车进行雾状洒水。

10.4.7 水泥稳定类混合料施工作业时间应根据日气温变化合理确定。

10.4.8 混合料摊铺后应立即进行压实,初步碾压应紧跟摊铺机后进行。

10.4.9 水泥稳定类混合料,从混合料拌和开始至碾压结束宜在2h内完成,最迟不得超过水泥初凝时间。

10.4.10 混合料宜采用养生薄膜下铺设黑色或深色织物双层吸热保温养生,或采用黑色养生薄膜吸热保温养生,也可采用覆盖草袋、薄膜、厚砂等保温措施,提高混合料养生温度。

10.4.11 混合料养生时间不应少于7d,养生结束后应尽快铺筑面层或封层。掺外加剂的混合料,养生期可根据混合料强度形成试验结果适当缩短。

10.4.12 水泥稳定类材料施工宜采取下列技术措施,保障混合料的强度,提高混合料的抗裂能力:
1 严格控制施工级配,保证混合料设计抗压强度。
2 在混合料中掺入适宜水泥外加剂。
3 采用吸热覆盖措施,提高养生温度。
4 采取有效措施封闭施工。
5 基层施工前对垫层充分洒水湿润。
6 沥青面层与基层连续施工。

10.5 粒料类材料基层、底基层

10.5.1 粒料类材料施工宜采取预埋路缘石、安装侧模板等侧向支撑措施,保证碾压成型质量。

条文说明

粒料类材料作为散体材料,其强度与侧向约束密切相关,侧向约束越强,压实越易达到密实,整体承载能力越高。试验路段修筑与观测得出,级配碎石施工前预埋路缘石,可以保证级配碎石压实均匀性与密实程度。因此,要求粒料类材料结构层施工前,采取侧向约束措施。

10.5.2 级配碎石应采用厂拌设备集中拌和,拌和过程应严格控制各仓上料速度和均匀性,保证碎石掺配比例;严格控制混合料含水率及拌和时间,保证拌和质量。

10.5.3 级配碎石宜采用沥青混凝土摊铺机或其他碎石摊铺机摊铺,二级以下公路可用自动平地机或摊铺箱摊铺混合料。

10.5.4 级配碎石摊铺后应在接近最佳含水率条件下及时碾压;混合料碾压含水率偏低时,应根据实测含水率,用喷雾式洒水车补充洒水。

10.5.5 级配碎石碾压过程应严格控制压实厚度,合理选择碾压设备与工艺,保证其密实程度。宜采用振动压路机和胶轮压路机联合交替碾压。

条文说明

粒料类材料粒径大且易松散,碾压过程中易出现碎石破碎和松散推移现象,确定适宜压实厚度,选择合理碾压设备与工艺,才能确保碾压质量。采用振动压路机和胶轮压路机联合交替碾压可以达到良好的碾压效果。

通常,压路机的吨位越大、振动频率越高、振幅越大,对压实越有利,但同时碎石的破碎越严重。因此,压路机吨位、振动力应综合考虑。

10.5.6 级配碎石碾压宜先采用钢轮压路机慢速静压,使混合料成型并具有一定的密实度;再用振动压路机和胶轮压路机碾压,碾压速度宜先慢后快,先弱振后强振,使结构层内部密实,降低空隙率;最后用钢轮压路机慢速静压。

条文说明

为避免松散推移和碎石破碎,一般开始时宜采用静压,使混合料成型并具有一定的密实度;再用弱振、强振和胶轮碾压,使结构层内部密实,降低空隙率;最后用静压,使结构层从内部到表面更加密实。因此,初压时宜采用慢速静压。复压时速度由慢速逐渐提高,目的是避免结构层密实度较低时碾压引起松散推移。

10.5.7 级配碎石摊铺、碾压过程应严格控制混合料离析,及时处理粗、细集料分布不均匀的局部位置。

11 桥涵施工

11.1 一般规定

11.1.1 桥涵工程的明挖基础,按保护冻土原则设计的桥涵地基,宜选择5月底以前和10月初以后施工,基础施工应减少基坑暴露时间;按允许冻土融化原则设计的桥涵地基,宜选择在5月底至10月初施工。

11.1.2 桥涵工程的钻孔打入桩、钻孔插入桩基础施工可不受季节限制,钻孔灌注桩宜在寒季施工。暖季施工应加强对冻土的保温措施,快速施工。

11.1.3 结构物和圬工体寒季施工时应综合考虑混凝土配合比、原材料温度、拌和时间、养生温度等影响,采取保温措施。

11.1.4 桩顶段永久性钢护筒的周围应设置沥青涂层或换填粗粒土,减小季节融化层在每年冻融过程中对桩基产生切向冻胀力的影响。

11.1.5 混凝土应具有良好的早强、低温、负温强度增长性能。处于侵蚀环境的混凝土应采用相应的耐腐蚀混凝土。

11.1.6 桥涵施工前应进行现场核对与调查,必要时进行补充地质勘察,并根据工程类别、冻土环境编制施工组织设计,合理规划生产和生活临时设施。

11.2 钢筋

11.2.1 钢筋加工宜在暖季进行。预应力钢筋用锚夹具等,应根据施工季节的气温提前进行低温性能试验。

11.2.2 钢筋在运输加工过程中应防止撞击和刻痕。负温条件下使用的钢筋相关检验频率应在现行《公路工程质量检验评定标准 第一册 土建工程》(JTG F80/1)规定检验频率的基础上提高5%~10%。

11.2.3 钢筋张拉设备、仪表和液压工作系统的油液应根据环境温度选用,并在使用温度条件下进行配套校验。

11.2.4 预应力钢筋张拉温度不宜低于-15℃。当温度低于-20℃时,不得对低合金HRB335、HRB400钢筋进行冷弯操作。

11.2.5 钻孔桩和墩柱受力钢筋的接头在室外焊接时,宜采用电弧焊,焊接环境温度不得低于-20℃,并应采取防雪挡风措施。

11.2.6 每批钢筋正式焊接前,必须进行现场施工条件下的焊接性能试验,合格后方可正式开工。

11.2.7 钢筋低温电弧焊宜采用分层控温施焊;热轧钢筋焊接的层间温度差宜控制在150~350℃之间,KL400钢筋焊接的层间温度差可适当降低。

11.2.8 热轧HRB335、HRB400钢筋多层施焊可采用回火焊道施焊,每层回火焊道的长度可比前一层焊道的两端各缩短4~6mm。

11.3 混凝土浇筑与养生

11.3.1 制备混凝土的水泥宜采用硅酸盐水泥和普通硅酸盐水泥等材料,并符合现行《通用硅酸盐水泥》(GB 175)的规定,不得使用矾土水泥;钢筋混凝土现浇细薄截面结构、装配式结构的接头和孔道灌浆可采用硫铝酸盐水泥。

11.3.2 混凝土所采用的集料应清洁,不得含有冰雪和冻土块及其他易冻裂物质。所采用的外加剂和掺合料应满足低温与抗冻性能的相关要求。

11.3.3 混凝土寒季施工时应合理确定配合比,加强混凝土搅拌、浇筑及养生的工艺控制,采取相应的保温措施。浇筑的混凝土在未达到受冻临界强度前不得受冻。

11.3.4 混凝土寒季施工应严格控制入模温度、浇筑温度,加强收缩裂缝、冻痕及养生保温措施有效性的检查。

11.4 基坑开挖

11.4.1 明挖基础基坑开挖宜在寒季施工,必须暖季施工时应采取遮阳防雨措施,必要时应搭设防雨棚。基坑顶应设置挡水埝,严禁地表水流入基坑。应及时排除冻结层上水和冻土本身融化水。基坑排水不得污染环境。

11.4.2 桥涵明挖浅基础进行基坑开挖前,应将施工所用的各种材料全部备齐。基坑开挖宜快速施工,严禁拉槽式开挖。

11.4.3 基坑开挖可采取"爆破一次成型,机械化快速开挖"的施工工艺。爆破宜采用防水防冻性能好的乳化炸药,不宜采用甘油类炸药;爆破钻孔应采取有效措施防止钻孔塌孔、回淤回冻。

11.4.4 开挖后应核查基础地质情况,全部或部分设在纯冰或含土冰层上的基础应调整基础埋置深度或改变基础类型。砂砾垫层施工前,应将积雪、融雪水或雨水及基坑内淤泥、松软湿土彻底清除。

11.4.5 基底下季节融化层较薄时,可采用挖除季节融化层,回填砂砾石料的方案进行处理,回填砂砾石料的厚度应大于0.3m。

11.4.6 基坑开挖尺寸宜每侧比基础或承台尺寸大0.5m。

11.4.7 基坑开挖边坡坡率应根据气温、地温以及土的类别确定。暖季施工冻土出现融化时,边坡坡率应按照最不利条件确定,必要时应加强支撑与保温措施。

11.4.8 基坑开挖弃土应及时清运至设计指定的弃土场,不得妨碍开挖基坑及其他工作,不得污染环境。存留回填基坑所需的填料应集中堆放,料堆坡脚距坑顶缘的距离不宜小于基坑的深度。

11.4.9 明挖基础基底应按设计要求铺设碎、砾石类土垫层并夯实;按保护冻土原则设计的明挖基础,基底应按设计要求设置保温层,防止浇筑基础时引起基底融化。

11.4.10 基础施工完毕应及时回填封闭基坑,必须间歇时,应采取措施防止热量侵入。回填前必须排除积水,清除冰块等杂物;回填应分层夯填密实,基坑回填土表面应设防水层,并在汛期到来之前施工完毕。

11.5 钻孔灌注桩施工

11.5.1 钻孔灌注桩施工宜采用螺旋钻机干钻法成孔,条件允许时,也可采用人工挖孔的方法成孔,不宜采用普通冲击钻机成孔。桩基成孔应减少施工对冻土地基的热扰动,使桩基施工完成后桩基周围的冻土快速回冻。

11.5.2 桩基施工场地布置应减少对原地表和地基土的热扰动,宁填勿挖。地基土松散或比较潮湿时,可采取在钻机下垫置厚钢板或木板等措施,防止地基沉降导致钻机倾斜变位。

11.5.3 钻孔施工护筒宜选择钢护筒;钢护筒应埋设至冻土天然上限顶面以下 0.5m,以保证上限范围内基桩光滑圆顺。采用融化法埋设护筒时,融化范围不得大于护筒外径。护筒埋置深度不应小于施工期间最大融化深度。

11.5.4 钻孔施工应根据地质条件选用不同的钻头形式。当钻进过程中发生钻杆摇晃、遇到漂石或岩层等情况时,应立即提钻检查并处理。钻孔达到设计深度后可采用旋挖钻头进行清孔。钻进过程中应及时清运孔口周围积土,并采取措施防止地表水流入孔内。

11.5.5 采用泥浆护壁施工时,泥浆温度应根据施工现场环境条件通过试验确定,宜在保证钻孔过程中泥浆不冻结的前提下降低泥浆温度。地温较低不易塌孔的地段,泥浆的用量可仅根据浮渣的要求确定。

11.5.6 泥浆净化循环措施应考虑多年冻土环境保护的要求;桩基础施工过程中的废浆及废渣应妥善处理,不得污染环境和扰动冻土的热平衡。

11.5.7 在 -20℃ 以上的条件下,对钻头进行现场焊接维修时,应采取相应的技术措施。在 -20℃ 以下的条件下不得进行钻头现场焊接维修。

11.5.8 钻孔施工应连续进行,因故停机时应提升钻头。有钻杆的钻机,应将钻头提离孔底 5m 以上,其他钻机钻头应提出孔外。

11.5.9 钻孔达到设计高程时应检查成孔质量及孔底沉渣等情况,成孔检查合格后应及时进行下道工序,间歇时间不宜过长。

11.5.10 采用螺旋钻成孔,浇筑混凝土时孔口应采取保护措施,防止孔口泥土掉入孔内引起缩径。浇筑混凝土应连续进行,并保证其密实。

11.5.11 钻孔灌注桩混凝土宜采用低温早强耐久混凝土。高温高含冰量冻土地段混凝土浇筑时,入模温度不宜高于 5℃。

11.6 钻孔插入桩施工

11.6.1 钻孔插入桩施工宜采用螺旋钻机成孔,受水文条件限制不能采用螺旋钻机成孔时,可选用循环回转钻机或冲击反循环钻机。钻孔插入桩孔径宜比预制桩径大 5~10cm。

11.6.2 预制桩混凝土宜采用低温早强耐久混凝土,并根据施工现场环境采取相应的养生措施,保证预制桩混凝土的质量。

11.6.3 钻孔完毕经检查合格后应尽快插桩,在暖季当钻孔与插桩间隔时间较长时,应采取措施防止缩孔、塌孔。

11.6.4 钻孔插入桩施工宜采用先插桩后灌浆的施工工艺,桩周空隙应采用黏土砂浆回填密实。黏土砂浆中黏土与中细砂的比例宜为1:8,含水率应小于22%。黏土砂浆的温度应根据现场施工环境选择,宜控制在0~5℃。应采取措施保证黏土砂浆的填充饱满、密实。

11.6.5 空心桩插入到位后应按设计要求进行回填,并按设计要求埋入连接钢筋。

11.6.6 插入桩应准确测量定位,预制桩插入到位后,在桩周空隙回填料基本回冻前,应采取措施临时固定桩顶,保证预制桩在孔内的正确就位。

11.7 钻孔打入桩施工

11.7.1 钻孔打入桩施工宜采用螺旋钻机成孔,钻孔过程中应保持钻杆垂直,防止钻杆晃动引起扩大孔径。

11.7.2 钻孔打入桩钻孔直径宜比预制桩径小5cm,钻孔深度应大于桩的入土深度。

11.7.3 钻孔打入桩的施工顺序应根据水流、地形、土质、桩架移动等因素确定。

11.7.4 钻孔打入桩桩尖应开孔,以减少打桩阻力,防止回弹。空心桩打至设计高程后应用混凝土回填,并按设计要求埋入连接钢筋。

11.7.5 钻孔打入桩宜采用桩尖高程控制法施工,并进行承载能力校核。应通过现场试验确定打桩相关参数。

11.8 钻孔扩底桩施工

11.8.1 钻孔扩底桩宜采用机械式扩孔钻头进行桩基底部扩孔;扩孔应根据孔的设计

形状从小到大逐步进行，扩孔产生的钻渣可采用旋挖钻头取出。

11.8.2 当桩周为黏性土、砂类土、碎石类土，且处于地下水位以下，干法作业不能保证孔壁稳定时，可采用湿法钻孔作业。

11.8.3 桩基施工完毕后，应按设计要求进行桩基防冻胀处理；承台施工完成后宜对桩周地温进行监测，待桩周地基土回冻后方可加载。

11.8.4 桩基施工完后应进行超声波无损检测和桩基钻芯法检测。超声波无损检测的频率宜为100%；桩基钻芯法检测的频率宜为3%，采用超声波无损检测发现有缺陷的桩基础应进行钻芯检测。

11.9 墩台

11.9.1 当桥涵基础为桩基础时，墩台身施工宜在桩侧土体回冻后进行。

11.9.2 墩台身混凝土应在整个截面内一次连续浇筑，雨雪天气施工应采取遮蔽措施，混凝土终凝前不得泡水。当采用覆盖保温时，模板外和混凝土表面覆盖的保温层应采用吸水性小的材料，不宜将保温材料直接铺盖在潮湿的混凝土表面。

11.9.3 存放构件的场地应平整坚实，并设防排水设施。应采取措施，防止冻胀、融沉造成构件损坏。

11.9.4 墩台柱吊入基杯内就位时，应在柱四周采取加固措施，确保柱身竖直度及平面位置符合设计要求；浇筑接头混凝土时应采取密封防水措施，防止拼接接头进水。

11.9.5 寒季安装墩台柱和帽梁应考虑温差影响，宜在阳光照射时进行校正。各构件固定支撑校正后应立即固定。

11.9.6 柱身与墩顶安装完成并检查符合设计要求后，基杯空隙与帽梁槽缘处可采取浇筑砂浆等措施进行密封防水处理，严防拼接接头进水，待砂浆硬化后可拆除支撑。

11.10 涵洞

11.10.1 钢筋混凝土拼装式涵洞管节宜在预制构件场集中预制。

11.10.2 位于径流量大、径流期长的地段，高含冰量冻土及不良冻土地段的涵洞明挖基础的基坑开挖,应符合11.4.1的规定。

11.10.3 拼装式涵洞管节拼装应根据预制管节的重量选择适宜的起重机械,管节安装应位置准确、基础稳固。应根据设计要求同步设置完成沉降缝,沉降缝内应填充具有防水、防冻胀性能的填料。应加强沉降缝的防水处理。

11.10.4 金属波纹管涵进行基坑开挖前,应完成涵身管节及洞口主体部件和基础材料备料等工作并经检验合格。

11.10.5 金属波纹管管节应连接紧密,不得漏水。

11.10.6 金属波纹管涵基础材料应采用一定级配的天然砂砾,最大粒径不应超过50mm,0.075mm以下粉黏粒含量不得超过5%。应采用压实机械分层碾压密实,压实度不应小于85%。

11.10.7 涵洞基础侧面应回填粉黏粒含量不大于8%的砂砾土,并分层夯实,压实质量标准与相同高度处路基一致。

11.10.8 涵洞进出口与河床接头处宜设置双层浆(干)砌片石铺砌,防止冲刷。铺砌应结合涵洞地基进行保温处理,铺砌下宜加设保温层。

11.10.9 金属波纹管涵宜采用反开槽法施工,开挖槽宽应满足设计要求,方便管侧填土夯填。

11.10.10 涵洞基底及两侧非冻胀性砂砾石土换填厚度应不小于0.3m;对于高含冰量冻土等不良冻土地基,涵洞基底宜设置XPS保温层,厚度宜为5~10cm,保温层宽度应与基础宽度一致。

11.10.11 径流量大、径流期长的河沟,地表沼泽化地段,高温冻土及高含冰量冻土等不良地段的涵洞基础,宜在寒季快速施工。

11.11 梁板预制与安装

11.11.1 制梁台座宜设置在融区或低含冰量多年冻土地区,采用钢筋混凝土结构,台座的基础类型应根据冻土地基条件、使用时间和冻土处治所采用的设计原则选定。先张法制梁台座在构造上应满足张拉、浇筑等工艺的要求,还应进行张拉各阶段的强度和稳定性验算。梁板预制混凝土拌和宜采用自动计量拌和站,混凝土宜采用输送泵或混凝土输送车运输。

11.11.2 制梁宜选择在暖季施工。寒季施工时宜采用蒸汽养生，配备的蒸汽锅炉和养护罩等设备应满足施工要求。

11.11.3 拆除侧模和端模，应在梁体混凝土强度达到设计强度的50%，混凝土表面温度与环境温度之差不大于15℃，且能保证构件棱角完整的情况下进行。

11.11.4 预应力钢筋管道压浆过程中及压浆后48h内，结构混凝土的温度不得低于5℃。

11.11.5 在室外进行封锚混凝土施工时，应加强梁端的保温养护措施，直至新浇混凝土或水泥砂浆抗压强度达到设计强度的75%。

11.11.6 架梁在暖季施工时，应合理确定施工组织方案。按保护冻土原则设计的桩基础，应在地基回冻后再架梁。

11.11.7 架梁在寒季施工时，应考虑高原缺氧、严寒、气压低、风沙大对架梁设备动力、结构、启动的可靠性及施工稳定性的影响。

11.11.8 架桥机拼接时间应根据工期、季节、工序进度统筹规划，落梁安装支座和焊接联结板宜在暖季施工。

11.11.9 必须在严寒天气进行联结板焊接时，应采取低温条件下的焊接工艺。脚手架应有防冻防滑设备，保证施工人员安全。

11.12 桥涵拼装结构接头施工

11.12.1 拼装式构件接头宜选择在暖季施工，寒季施工应针对混凝土体积小、表面系数大、配筋密等特点，采取密封防水、防冻保温等相应措施。

11.12.2 焊接和浇筑接头混凝土，应在构件安装就位，并经过校正，位置准确后施工。

11.12.3 拼装式结构中承受内力的接头和接缝，混凝土强度等级宜比构件混凝土强度等级提高两级；不承受内力的接缝宜采用混凝土或水泥砂浆浇筑，其强度不应低于结构构件混凝土强度。接头或接缝的混凝土或水泥砂浆，必须捣实浇筑，并宜采取早强和微膨胀措施。

11.12.4 采用湿法连接构件接头时,预埋构件可采用间隔流水焊或分层流水焊方法连接。浇筑混凝土或砂浆前,应将结合处的表面加热到正温,并在养生过程中保持适当温度。承受内力的接头混凝土,无抗冻设计要求时,其养生结束时的强度应不低于设计强度的75%。

11.13 防水层及沉降缝

11.13.1 防水层及沉降缝宜在暖季施工,寒季施工时应根据使用的材料确定控制施工气温的界限,宜选择无风晴朗天气施工,可利用日照条件提高面层温度。施工期间,宜在迎风面设置活动的挡风装置。

11.13.2 防水层的垫层应牢固坚实,表面无凹凸、起砂、起鼓、油污现象,积雪、残留冰霜和杂物等应清扫干净。铺设防水层前,垫层表面应平整、干燥。

11.13.3 垫层施工的环境温度不得低于-5℃;当环境温度低于-5℃时,应按寒季施工处理。

11.13.4 防水层施工采用的涂料、玻璃丝布、合成纤维布或无纺布等材料应满足当地寒季气温条件对材料的要求,涂料与胎体材料应有足够的黏结力。

11.13.5 热沥青防水层施工采用的沥青,应根据现场温度条件进行改性处理。

11.13.6 沉降缝施工应采用适应当地气候、水文地质特点的防水、防冻材料。

11.14 附属工程

11.14.1 高含冰量冻土地段的桥涵附属工程施工应遵循快速施工、减少基坑暴露时间的原则,所挖的沟床应按设计要求铺砌保温层。

11.14.2 桥涵台背及桥台锥体应填筑卵砾石土或碎砾石土,并分层填筑,分层压实,压实标准与路基相同。

11.14.3 桥台锥体坡面混凝土预制块铺砌应符合设计要求,并按设计在铺砌面上设泄水孔,锥体基础开挖应符合11.4节的有关规定。

11.14.4 小桥桥下及涵洞进出口铺砌宜进行保温处理;当为冻胀土时应采用砌筑块石或混凝土预制块铺砌,厚度及长度应符合设计要求;铺砌以外的水沟应与天然水沟顺接。

11.14.5 导流工程基础应分层填筑、压实,其位置、高度、长度及填料应符合设计要求,坡面可采用回填基坑开挖时移出的草皮或砌筑混凝土预制块铺砌;基础开挖应符合 11.4 节的有关规定。

11.14.6 桥涵附属工程施工完成后应及时清理施工垃圾,确保桥涵的排水畅通。

12 环境保护与景观

12.1 一般规定

12.1.1 多年冻土地区公路应按全面、协调、可持续发展的原则,进行环境保护总体规划,加强生态环境、冻土环境的保护。

12.1.2 多年冻土地区公路应采取有效措施保护或充分利用地表植被和表土资源。

12.1.3 多年冻土地区公路工程设计及施工方案对多年冻土有影响时,宜进行多方案的比选,选用对多年冻土扰动较小的方案。

12.1.4 多年冻土地区公路环境保护设施应因地制宜、技术可行、经济合理,可根据交通量增长情况分期实施。

条文说明
  因为多年冻土地区一般交通量较小,所以环境保护设施可根据交通量增长情况进行科学布设,采用分期实施的方案。

12.1.5 多年冻土地区公路施工应制定相应的环境保护细则,落实环境保护设计的工程内容,并根据需要采取临时的环境保护措施,重点加强施工扬尘、水土流失及破坏植被等的预防和处理。

12.1.6 多年冻土地区公路改(扩)建时,应对原有工程的环境保护设施及改(扩)建过程中可能引发的环境保护问题进行评价,并提出相应对策。应对旧路面和防护工程等拆除废料进行处理,宜采用废料再生利用等措施,加强回收利用,减少废弃,节约资源。

12.2 冻土环境保护

12.2.1 多年冻土地区公路施工应采取有效措施,加强公路两侧地表和路基边坡地表植被的保护,保存表土,保护现有天然林、人工林及草地,加强对多年冻土的生存环境保护，并符合以下规定：

1 宜控制扰动面积，减少对草地及地表结皮的破坏，保护现有植被和腐殖土；预防土地沙化。

2 需要剥离高原草甸（或天然草皮）的，应妥善保存，及时移植利用。

条文说明

多年冻土地区地表植被资源和表土资源均是长期形成的难以恢复的自然资源。研究表明，地表植被对保护冻土的作用明显，而土壤荒漠化或地表积水等均对冻土环境保护不利，同时，表土是地表植被赖以生存的物质基础，因此，多年冻土地区公路建设应加强地表植被和表土的保护与利用。

12.2.2 多年冻土地区公路设计与施工宜采取有效措施，减少水对多年冻土的影响，并符合以下规定：

1 宜采取设置坡面径流排导和路侧排水工程等措施，减少坡面和路侧水渗流对多年冻土的影响。

2 公路经过温泉或其他地下水丰富路段时，宜加强侧向排水和防渗措施，减少侧向水中储热对多年冻土的干扰。

3 宜回填整平公路两侧存在的地表洼地，排除积水，并形成向外的横坡，减少或避免地面径流流向路基。横坡坡度不宜小于2%。

4 在雨季进行路基挖方施工时，宜采取保护覆盖措施，加强临时排水，减少降雨对多年冻土的干扰。

12.2.3 多年冻土地区基础施工应合理组织施工工序，加快施工进度，采取覆盖保护等措施，减少裸露时间，减少热量干扰。基础宜采用低水化热的水泥。

12.3 水土保持

12.3.1 多年冻土地区公路水土保持设施应因地制宜，合理布设，注重实效；应贯彻坚持水土保持工程与公路主体工程相结合，永久工程、临时工程并重，预防为主、防治结合的原则，兼顾施工期和运营期的水土保持工作。

12.3.2 多年冻土地区公路建设取土、弃土前应将表土集中保存，用于取土、弃土完毕后恢复植被。丘陵、山包宜分级取土，弃土宜按设计分级填筑弃放，避免形成高陡边坡。取土场、弃土场应设置专用便道，严禁乱开便道。

12.3.3 多年冻土地区取土场、弃土场使用完毕后，具备植被生长条件时宜在其上种植适宜的植物，并符合以下规定：

1 取土完毕宜整平取土坑、回填表土,种植适宜的植物。
2 弃土、弃石结束后,宜及时进行绿化或复垦。
3 恢复植被宜选择水土保持效益明显的乡土、耐寒植物。

12.3.4 多年冻土地区公路弃土场应根据需要设置拦挡设施,先挡后弃;支挡工程宜采用柔性防护,减少工程的冻融病害。

12.3.5 多年冻土地区取土场、取料场、弃土场及周围宜设置完善的排水系统,并符合以下规定:
1 取土、取料形成的边坡宜根据边坡高度、岩土条件、环境条件、气象因素等,采取有效的截、排水措施。
2 位于沟谷、坡地的弃土场,周边有汇流条件时,宜采取截、排水措施,利用地形和天然水系将水流引出。应做好出口位置的选择和处理,防止出现堵塞、溢流、淤积、冲刷和冻结。
3 拦截山坡或边坡上流向弃土场水的截水沟应设置在弃土场5m以外,截水沟、弃土场汇集的水可用排水沟引入周围排灌系统。
4 排水沟与原有沟渠应顺畅连接,易受水流冲刷的排水沟宜根据需要采取防护、加固措施。

12.3.6 临时占地,具有复垦条件时宜进行复垦、种植作物或作为林草场。

12.4 生态环境保护

12.4.1 多年冻土地区公路路线宜远离野生动物聚集和频繁活动的地区,绕避草原腹地,沿山脚布设,减少对野生动物和植物的干扰。

12.4.2 多年冻土地区公路对需保护的野生动物、野生植物产生影响时,宜提出保护方案。

12.4.3 重点保护野生动物出没的路段宜设置预告、禁止鸣笛等标志,可根据需要设置动物通道。动物通道应在深入分析、研究野生动物迁徙、饮水、采食习惯的基础上,合理确定位置。

12.4.4 多年冻土地区公路施工期间宜明确并落实各类野生动物的保护措施;在野生动物繁殖迁徙季节,对需保护的野生动物产生影响时,施工单位宜暂停施工,减少对野生动物安全迁徙的影响。

12.4.5 多年冻土地区公路通过天然林地时,不宜砍伐公路用地范围以外不影响行车安全的林木。

12.4.6 多年冻土地区公路通过湿地时宜采取有效措施对湿地进行保护。

12.5 景观绿化工程

12.5.1 多年冻土地区公路建设可充分利用独特的区域社会环境和原有的自然生态景观及资源,景观建植应与周围的自然生态景观相协调。

12.5.2 多年冻土地区公路景观绿化应因地制宜,坚持宜林则林、宜草则草、宜荒则荒的原则。

12.5.3 多年冻土地区公路绿化、植被恢复等采用的植物种类不应侵占原生态种群系统。

12.5.4 多年冻土地区公路施工扰动地段植被恢复,可采取掺加保水剂和凝结剂、客土喷播、覆盖等措施。

本细则用词说明

为便于在执行本细则条文时区别对待,对要求严格程度不同的用词说明如下:
1 表示很严格,非这样做不可的:
正面词采用"必须";反面词采用"严禁"。
2 表示严格,在正常情况下均应这样做的:
正面词采用"应";反面词采用"不应"或"不得"。
3 表示允许有选择,在条件许可时首先应这样做的:
正面词采用"宜";反面词采用"不宜"。
4 表示允许有选择,正面词采用"可"。

公路工程现行标准、规范、规程、指南一览表

(2018年1月)

序号	类别	编号	书名(书号)	定价(元)
1	基础	JTG 1001—2017	公路工程标准体系(14300)	20.00
2		JTG A02—2013	公路工程行业标准制修订管理导则(10544)	15.00
3		JTG A04—2013	公路工程标准编写导则(10538)	20.00
4		JTJ 002—87	公路工程名词术语(0346)	22.00
5		JTJ 003—86	公路自然区划标准(0348)	16.00
6		JTG B01—2014	★公路工程技术标准(活页夹版,11814)	98.00
7		JTG B01—2014	★公路工程技术标准(平装版,11829)	68.00
8		JTG B02—2013	公路工程抗震规范(11120)	45.00
9		JTG/T B02-01—2008	公路桥梁抗震设计细则(13318)	45.00
10		JTG B03—2006	公路建设项目环境影响评价规范(13373)	40.00
11		JTG B04—2010	公路环境保护设计规范(08473)	28.00
12		JTG B05—2015	★公路项目安全性评价规范(12806)	45.00
13		JTG B05-01—2013	公路护栏安全性能评价标准(10992)	30.00
14		JTG B06—2007	公路工程基本建设项目概算预算编制办法(06903)	26.00
15		JTG/T B06-01—2007	★公路工程概算定额(06901)	110.00
16		JTG/T B06-02—2007	★公路工程预算定额(06902)	138.00
17		JTG/T B06-03—2007	★公路工程机械台班费用定额(06900)	24.00
18		交通部定额站2009版	公路工程施工定额(07864)	78.00
19		JTG/T B07-01—2006	公路工程混凝土结构防腐蚀技术规范(13592)	30.00
20		JTG/T 6303.1—2017	收费公路移动支付技术规范 第一册 停车移动支付(14380)	20.00
21		交通运输部2015年第40号	★收费公路联网收费多义性路径识别技术要求(12484)	40.00
22		JTG B10-01—2014	公路电子不停车收费联网运营和服务规范(11566)	30.00
23		交通运输部2011年	公路工程项目建设用地指标(09402)	36.00
24	勘测	JTG C10—2007	★公路勘测规范(06570)	40.00
25		JTG/T C10—2007	★公路勘测细则(06572)	42.00
26		JTG C20—2011	公路工程地质勘察规范(09507)	65.00
27		JTG/T C21-01—2005	公路工程地质遥感勘察规范(0839)	17.00
28		JTG/T C21-02—2014	公路工程卫星图像测绘技术规程(11540)	25.00
29		JTG/T C22—2009	公路工程物探规程(1311)	28.00
30		JTG C30—2015	★公路工程水文勘测设计规范(12063)	70.00
31	设计	公路	JTG D20—2017	公路路线设计规范(14301)	80.00
32			JTG/T D21—2014	公路立体交叉设计细则(11761)	60.00
33			JTG D30—2015	★公路路基设计规范(12147)	98.00
34			JTG/T D31—2008	沙漠地区公路设计与施工指南(1206)	32.00
35			JTG/T D31-02—2013	★公路软土地基路堤设计与施工技术细则(10449)	40.00
36			JTG/T D31-03—2011	★采空区公路设计与施工技术细则(09181)	40.00
37			JTG/T D31-04—2012	多年冻土地区公路设计与施工技术细则(10260)	40.00
38			JTG/T D31-05—2017	黄土地区公路路基设计与施工技术规范(13994)	50.00
39			JTG/T D31-06—2017	季节性冻土地区公路设计与施工技术规范(13981)	45.00
40			JTG/T D32—2012	★公路土工合成材料应用技术规范(09908)	50.00
41			JTG D40—2011	★公路水泥混凝土路面设计规范(09463)	40.00
42			JTG D50—2017	★公路沥青路面设计规范(13760)	50.00
43			JTG/T D33—2012	公路排水设计规范(10337)	40.00
44		桥隧	JTG D60—2015	★公路桥涵设计通用规范(12506)	40.00
45			JTG/T D60-01—2004	公路桥梁抗风设计规范(13804)	40.00
46			JTG D61—2005	公路圬工桥涵设计规范(13355)	30.00
47			JTG D62—2004	公路钢筋混凝土及预应力混凝土桥涵设计规范(05052)	48.00
48			JTG D63—2007	公路桥涵地基与基础设计规范(06892)	48.00
49			JTG D64—2015	★公路钢结构桥梁设计规范(12507)	80.00
50			JTG D64-01—2015	公路钢混组合桥梁设计与施工规范(12682)	45.00
51			JTG/T D65-01—2007	公路斜拉桥设计细则(1125)	28.00
52			JTG/T D65-04—2007	公路涵洞设计细则(06628)	26.00
53			JTG/T D65-05—2015	公路悬索桥设计规范(12674)	55.00
54			JTG/T D65-06—2015	公路钢管混凝土拱桥设计规范(12514)	40.00
55			JTG D70—2004	公路隧道设计规范(05180)	50.00
56			JTG/T D70—2010	★公路隧道设计细则(08478)	66.00
57			JTG D70/2—2014	公路隧道设计规范 第二册 交通工程与附属设施(11543)	50.00

续上表

序号	类别	编号	书名(书号)	定价(元)
58	设计-桥隧	JTG/T D70/2-01—2014	公路隧道照明设计细则(11541)	35.00
59	设计-桥隧	JTG/T D70/2-02—2014	公路隧道通风设计细则(11546)	70.00
60	设计-交通工程	JTG D80—2006	高速公路交通工程及沿线设施设计通用规范(0998)	25.00
61	设计-交通工程	JTG D81—2017	公路交通安全设施设计规范(14395)	60.00
62	设计-交通工程	JTG/T D81—2017	公路交通安全设施设计细则(14396)	90.00
63	设计-交通工程	JTG D82—2009	公路交通标志和标线设置规范(07947)	116.00
64	设计-综合	交办公路〔2017〕167号	国家公路网交通标志调整工作技术指南(14379)	80.00
65	设计-综合	交公路发〔2007〕358号	公路工程基本建设项目设计文件编制办法(06746)	26.00
66	设计-综合	交公路发〔2015〕69号	公路工程特殊结构桥梁项目设计文件编制办法(12455)	30.00
67	检测	JTG E20—2011	公路工程沥青及沥青混合料试验规程(09468)	106.00
68	检测	JTG E30—2005	公路工程水泥及水泥混凝土试验规程(13319)	55.00
69	检测	JTG E40—2007	★公路土工试验规程(06794)	90.00
70	检测	JTG E41—2005	公路工程岩石试验规程(13351)	30.00
71	检测	JTG E42—2005	公路工程集料试验规程(13353)	50.00
72	检测	JTG E50—2006	★公路工程土工合成材料试验规程(13398)	40.00
73	检测	JTG E51—2009	公路工程无机结合料稳定材料试验规程(08046)	60.00
74	检测	JTG E60—2008	公路路基路面现场测试规程(07296)	50.00
75	检测	JTG/T E61—2014	公路路面技术状况自动化检测规程(11830)	25.00
76	施工-公路	JTG F10—2006	公路路基施工技术规范(06221)	50.00
77	施工-公路	JTG/T F20—2015	★公路路面基层施工技术细则(12367)	45.00
78	施工-公路	JTG/T F30—2014	公路水泥混凝土路面施工技术细则(11244)	60.00
79	施工-公路	JTG/T F31—2014	公路水泥混凝土路面再生利用技术细则(11360)	30.00
80	施工-公路	JTG F40—2004	★公路沥青路面施工技术规范(05328)	50.00
81	施工-公路	JTG F41—2008	公路沥青路面再生技术规范(07105)	40.00
82	施工-桥隧	JTG/T F50—2011	★公路桥涵施工技术规范(09224)	110.00
83	施工-桥隧	JTG/T F81-01—2004	公路工程基桩动测技术规程(14068)	30.00
84	施工-桥隧	JTG F60—2009	公路隧道施工技术规范(07992)	55.00
85	施工-桥隧	JTG/T F60—2009	公路隧道施工技术细则(07991)	70.00
86	施工-交通	JTG F71—2006	★公路交通安全设施施工技术规范(13397)	30.00
87	施工-交通	JTG/T F72—2011	公路隧道交通工程与附属设施施工技术规范(09509)	35.00
88	质检安全	JTG F80/1—2017	公路工程质量检验评定标准 第一册 土建工程(14472)	90.00
89	质检安全	JTG F80/2—2004	公路工程质量检验评定标准 第二册 机电工程(05325)	40.00
90	质检安全	JTG G10—2016	公路工程施工监理规范(13275)	40.00
91	质检安全	JTG F90—2015	★公路工程施工安全技术规范(12138)	68.00
92	养护管理	JTG H10—2009	公路养护技术规范(08071)	60.00
93	养护管理	JTJ 073.1—2001	公路水泥混凝土路面养护技术规范(13658)	20.00
94	养护管理	JTJ 073.2—2001	公路沥青路面养护技术规范(13677)	20.00
95	养护管理	JTG H11—2004	公路桥涵养护规范(05025)	40.00
96	养护管理	JTG H12—2015	公路隧道养护技术规范(12062)	60.00
97	养护管理	JTG H20—2007	公路技术状况评定标准(13399)	25.00
98	养护管理	JTG/T H21—2011	★公路桥梁技术状况评定标准(09324)	46.00
99	养护管理	JTG H30—2015	公路养护安全作业规程(12234)	90.00
100	养护管理	JTG H40—2002	公路养护工程预算编制导则(0641)	9.00
101	加固设计与施工	JTG/T J21—2011	公路桥梁承载能力检测评定规程(09480)	20.00
102	加固设计与施工	JTG/T J21-01—2015	公路桥梁荷载试验规程(12751)	40.00
103	加固设计与施工	JTG/T J22—2008	公路桥梁加固设计规范(07380)	52.00
104	加固设计与施工	JTG/T J23—2008	公路桥梁加固施工技术规范(07378)	40.00
105	改扩建	JTG/T L11—2014	高速公路改扩建设计细则(11998)	45.00
106	改扩建	JTG/T L80—2014	高速公路改扩建交通工程及沿线设施设计细则(11999)	30.00
107	造价	JTG 3810—2017	公路工程建设项目造价文件管理导则(14473)	50.00
108	造价	JTG M20—2011	公路工程基本建设项目投资估算编制办法(09557)	30.00
109	造价	JTG/T M21—2011	公路工程估算指标(09531)	110.00
110	造价	JTG/T M72-01—2017	公路隧道养护工程预算定额(14189)	60.00
1	技术指南	交公便字〔2006〕02号	公路工程水泥混凝土外加剂与掺合料应用技术指南(0925)	50.00
2	技术指南	交公便字〔2009〕145号	公路交通标志和标线设置手册(07990)	165.00

注:JTG——公路工程行业标准体系;JTG/T——公路工程行业推荐性标准体系;JTJ——仍在执行的公路工程原行业标准体系。

批发业务电话:010-59757973;零售业务电话:010-85285659(北京);网上书店电话:010-59757908;业务咨询电话:010-85285922。